Educação
e
ESPIRITUALIDADE

□ **O VALOR DO PROFESSOR**

Gabriel Perissé

Educação e ESPIRITUALIDADE

autêntica

Copyright © 2020 Gabriel Perissé

Todos os direitos reservados pela Autêntica Editora Ltda. Nenhuma parte desta publicação poderá ser reproduzida, seja por meios mecânicos, eletrônicos, seja via cópia xerográfica, sem a autorização prévia da Editora.

EDITORAS RESPONSÁVEIS
Rejane Dias
Cecília Martins

REVISÃO
Mariana Faria
Samira Vilela

CAPA
Diogo Droschi

DIAGRAMAÇÃO
Larissa Carvalho Mazzoni

Dados Internacionais de Catalogação na Publicação (CIP)
(Câmara Brasileira do Livro, SP, Brasil)

Perissé, Gabriel
  Educação e espiritualidade / Gabriel Perissé. – 1. ed. – Belo Horizonte : Autêntica, 2022. – (O valor do professor; 2)

  ISBN 978-65-86040-20-3

  1. Educação - Estudo e ensino 2. Educação - Filosofia 3. Espiritualidade 4. Existencialismo 5. Pedagogia 6. Professores - Formação I. Título II. Série.

20-33795   CDD-370.1

Índices para catálogo sistemático:
1. Educação : Filosofia 370.1

Maria Alice Ferreira - Bibliotecária - CRB-8/7964

Belo Horizonte
Rua Carlos Turner, 420
Silveira . 31140-520
Belo Horizonte . MG
Tel.: (55 31) 3465 4500

São Paulo
Av. Paulista, 2.073 . Conjunto Nacional
Horsa I . Sala 309 . Cerqueira César
01311-940 . São Paulo . SP
Tel.: (55 11) 3034 4468

www.grupoautentica.com.br
SAC: atendimentoleitor@grupoautentica.com.br

Sumário

7	**Sobre a coleção** / **O valor do professor**
9	**Introdução** / Espiritualidade sempre e hoje

30 palavras-chave para entender a espiritualidade

23	Alma	71	Milagre
26	Amor	74	Mistério
29	Anjos	77	Mitos
32	Ateísmo	80	Morte
35	Bem	83	Paz
38	Corpo	86	Religiões
41	Divindade	89	Sagrado
44	Esperança	92	Salvação
47	Espírito	95	Símbolos
50	Eternidade	98	Sincretismo
53	Fanatismo	101	Sonhos
56	Fé	104	Superstição
59	Felicidade	107	Tradições
62	Mal	110	Virtudes
65	Meditação		
68	Medo		

113 **Conclusão**

115 **Referências**

121 **Projeto da coleção**

Sobre a coleção
O valor do professor

Um dos maiores desafios da educação no século XXI está em formar e atualizar nossos professores, especialmente no que diz respeito à sua formação continuada. Além da formação inicial e da experiência própria, é necessário que todo docente reflita com frequência sobre sua prática cotidiana e que entre em contato com leituras que o ajudem a se aperfeiçoar como ser humano, cidadão e profissional.

Para que sua formação seja realmente continuada, a coleção O valor do professor apresenta 12 temas que o acompanharão durante 12 meses. Em cada volume, capítulos breves abordam questões relativas ao cuidado consigo, à pesquisa, à didática, à ética e à criatividade. São trinta capítulos, um para cada dia do mês, acompanhados por sugestões práticas e bibliografia para aprofundamento.

Em *Educação e espiritualidade*, percebemos que a realidade visível e tangível não esgota nossa curiosidade e nosso desejo de aprender. Na própria linguagem cotidiana e nas inúmeras experiências religiosas das culturas conhecidas, notamos a presença instigante do mistério, do indecifrável, e também de tudo aquilo que dentro de nós se traduz em forma de inquietação existencial e de esperança no transcendente. Há nos seres humanos uma busca incansável por respostas sobre nossa origem e nosso destino. Somos educáveis e perfectíveis. A espiritualidade, à luz dessa dupla afirmação, é um campo de descobertas transformadoras.

Introdução
Espiritualidade sempre e hoje

Uma das regras básicas para iniciar qualquer pesquisa é dar atenção à linguagem corrente. É verificar o que nós próprios falamos, bem como os significados e sentidos que atribuímos às palavras pertinentes ao tema de interesse.

Em torno da palavra "espiritualidade" gravitam diversos termos como "incorporeidade", "alma", "absoluto", "crença", "religião", "oração", "vocação", "sobrenatural", "misticismo", "revelação", "eternidade", "contemplação", "êxtase", "plenitude". Nessa constelação semântica, a inquietude humana se insinua.

Trata-se de um campo de intuições, anseios e conceitos em torno do invisível, do inaudível e do intangível. Desconfiamos que as coisas... não se reduzem apenas ao que vemos.

Por trás das montanhas haverá mais montanhas?

Por trás da materialidade haverá outras tantas realidades?

O fato de pensarmos em algo para além do visível, do tangível e do audível demonstra não estarmos alheios àquilo que ultrapassa nossa apreensão direta das coisas materiais. Não nos encontramos totalmente sem saída dentro da bolha hermética em que estamos, pois já sabemos, primeiro, que é uma bolha, e, segundo, sabemos ser possível atravessá-la de algum modo.

Julgamos saber, enfim, que a nossa bolha é porosa.

Por outro lado, a dificuldade para elaborarmos definições sobre o que escapa aos nossos sentidos não só não nos impede, mas também parece ser forte estímulo para que continuemos tentando decifrar o indecifrável.

A sensação de que será impossível obter todas as respostas para todas as nossas indagações acerca do mistério nos mantém sensíveis ao que podemos chamar de "sublime", "divino" e "sagrado".

Temos capacidade para discorrer sobre coisas que ultrapassam a nossa realidade imediata e cotidiana. O conhecimento espiritual solicita toda a nossa força, toda a nossa mente, toda a nossa vontade e toda a nossa imaginação.

A curiosidade em nós, insaciável, continua fazendo perguntas sobre realidades que poderíamos classificar (de um modo reducionista) como fábulas fantasiosas ou como devaneios pueris com que os seres humanos almejam satisfazer suas ilusões metafísicas. No entanto, sabemos que não são fantasias e devaneios. Não deixamos de buscar explicações que nos deem alguma lucidez sobre o que parece demasiadamente obscuro e insondável. E essa nossa permanente curiosidade sobre os céus nos ajuda a ter, na Terra, um pouco mais de harmonia e paz.

O fogo sagrado

Permanecemos interessados por tudo aquilo que não se pode ver, ouvir, cheirar, tocar, medir, pesar: o denominado "mundo espiritual".

O inexplicável nos atrai.

O inefável nos deixa intrigados.

Aliás, nós fazemos parte desse mundo de coisas inefáveis e intangíveis.

A história das religiões nos conta, de diversos modos e com cores brilhantes, uma única história: a do ser humano que acredita em deuses, elabora rituais, transmite à sua descendência interpretações míticas, propõe a si mesmo imagens e narrativas de um mundo maior, para além da vida e da morte.

Esse mundo maior corresponde e ao mesmo tempo amplia as nossas mais radicais aspirações.

Não vemos o invisível e, por isso, queremos ver o invisível.

Nosso "eu" é invisível para nós próprios, mas somos os primeiros a afirmar que esse "eu" não é uma alucinação.

Eu existo, e meu existir não é um devaneio.

Eu existo, logo... eu realmente existo, e quero continuar a existir.

Essa existência irrefutável e o desejo de continuar existindo para além da morte não são coisas que se explicam de maneira fácil e completa pelas ciências. As teorias não satisfazem todas as necessidades da razão e do coração. Nossa ciência não sabe explicar de modo absoluto quem somos nós.

As explicações científicas que elaboramos não nos explicam de modo cabal.

Há algo em nós, em nossa própria materialidade, que ensina a respeito de uma origem transcendental para os corpos humanos. Nossos corpos são sinais de uma vida não corporal. Temos consciência de que em nós existe "algo" imaterial que confere à nossa existência um valor inestimável.

Somos um valioso e autêntico enigma para nós próprios.

Pressentimos em nós um fogo interior, ao qual se refere o teólogo canadense Ronald Rolheiser nesta definição: "espiritualidade consiste em tudo aquilo que fazemos com o fogo que arde dentro de nós".

O fogo é um dos símbolos para a divindade e para os seres celestes. Simboliza, também, a força transformadora que as realidades sublimes exercem sobre as realidades terrestres.

Os estoicos consideravam o fogo uma espécie de deus, dotado de sabedoria, criador do mundo e de tudo quanto existe.

Entre os deuses hindus, destaca-se Agni, isto é, "fogo", o sacerdote dos deuses e o deus dos sacerdotes.

O fogo é o símbolo divino essencial do zoroastrismo, religião persa. Seus lugares de culto chamam-se justamente "templos de fogo".

Nas vertentes exotéricas (em que o conhecimento é divulgado a todos) e esotéricas (em que o conhecimento está reservado aos iniciados), associa-se o fogo a uma força reveladora e purificadora que, em tríplice função – como luz, calor e força destrutiva –, atua sobre a humanidade.

Em suas diferentes versões, esse fogo espiritual habita dentro de nós.

As tradições religiosas nos alertam para essa presença misteriosa com que aprendemos a ser verdadeiros seres humanos e à qual se refere Agostinho de Hipona, em suas *Confissões*: "Deus está dentro de nós mais do que o nosso íntimo e acima da nossa parte mais alta".

Paradoxalmente, o fogo é o único dos quatro elementos que o ser humano pode produzir. Armazenamos água, terra e ar, mas são dádivas absolutas. O fogo, porém, que no início dos tempos foi descoberto quando raios causaram incêndios na vegetação, necessita, por assim dizer, de uma direta colaboração humana para reaparecer e perpetuar-se.

Isso parece sugerir que não basta recebermos o fogo dos céus, de um personagem mítico como Mairemonan, dos tupinambás; ou roubá-lo do jaguar em tempos imemoriais, como num relato ameríndio que Inácio Cunha estuda num dos capítulos do livro *Desvelando a alma brasileira*.

Precisamos receber o fogo ativamente, trazê-lo para dentro de casa, manter a chama acesa, descobrir e multiplicar seu poder.

Mas como verificar a existência e as características constitutivas do fogo interior? E como cooperar para que ele se evidencie e cresça?

Uma possível resposta está em perceber nossos desejos mais profundos, entre os quais o de sermos felizes por toda a eternidade.

Contudo, há também na imagem do fogo sinais ambivalentes de destruição e punição. Há referências a um fogo divino ligado ao amor ardente e um fogo divino instrumento do pior dos castigos.

A água e a montanha

Outro símbolo muito rico no âmbito da espiritualidade é a água, em razão de sua força nas tempestades (a força infinita dos deuses), de sua capacidade para saciar nossa sede (de vida eterna), bem como de suas propriedades purificadoras (de nossa condição vulnerável, como no caso emblemático do rio Ganges na história da religião hindu).

Os povos antigos sempre associaram a água à realidade e à influência espirituais, seja em forma de fonte, de rio, de poço, seja de orvalho, de chuva. Entre os incas, Viracocha surgiu das águas, e criou a Terra, os animais e os seres humanos. No judaísmo, os profetas se referem às mensagens de Deus como chuva que, fora do tempo previsto, vem fecundar a terra seca. Vários místicos associam o orvalho a uma água celeste, carregada de sabedoria, que dá nova vida ao que já estava morto. Para os chineses, o orvalho era proveniente da lua e concedia a imortalidade. A água liberta os seres humanos de vários tipos de morte (física e espiritual).

As fontes borbulhantes sugerem que a água teria vida própria, e que a divindade, portanto, se pudesse ser vista pelos olhos humanos, seria algo repleto de possibilidades, assim como causa de novas torrentes de vida. A linguagem figurada em torno da água aponta para uma força criadora que constitui o fundamento último de tudo o que existe.

A realidade espiritual será mais real do que suspeitamos? Mais real do que a própria realidade?

Uma questão importante na relação entre educação e espiritualidade. Manter os pés no chão na análise das realidades, para que a nossa percepção do sagrado, sem perder suas dimensões humanas, nos mantenha abertos à surpresa. Que ninguém se sinta especialmente iluminado ou infalível nesse tema, mas que todos possamos estudar e falar sobre espiritualidade, aprender com as intuições dos outros, com as crenças dos outros, e mergulhar no oceano da realidade transcendente.

A água (como todos os símbolos) carrega ambiguidades, e essa é outra contingência da condição humana a salvaguardar. A água que dá vida também afoga o vivente. As águas subterrâneas indicam o mais profundo inconsciente, provocando algum receio: para onde as águas nos levarão ou o que virá à tona quando menos esperarmos?

Vamos constatar dupla conotação igualmente no campo simbólico da terra, em que a montanha se sobressai no horizonte e se projeta para as coisas do alto. Sua proximidade com o céu sugere um diálogo com o além. Pachamama, mãe das montanhas, dos rebanhos e dos seres humanos, deidade máxima entre os povos andinos, é a terra geradora da vida, símbolo de fecundidade. As pirâmides egípcias pretendiam simular o desenho montanhoso, limiar entre a vida e a morte. Pois a terra também evoca o enterro, o nosso retorno à condição terrena: somos habitantes da terra, terrosos.

Não esqueçamos tudo o que está na terra e tudo o que é terra: os pântanos, o terreno baldio, a lava (com diferentes graus de viscosidade), as pedras, as cavernas, e a terra transformada em lavoura pela mão do agricultor. Os frutos que alimentam. O verde que renova o oxigênio.

O próprio ser humano ("humano" vem do latim *humus*, isto é, "chão", "solo", "terra") concretiza essa dupla dimensão. Somos o melhor que a matéria pode oferecer, e nosso destino é retornar ao pó.

Eternas questões

O fogo interior, a água viva e a terra fértil nos introduzem no âmbito da espiritualidade, e então ressurgem as eternas perguntas.

Existe vida após a morte?

E como a morte "entrou" na vida?

O destino de cada ser humano está antecipadamente definido pela divindade?

E a divindade, distante e indiferente ao ser humano, será hostil ou vem ao nosso encontro para nos proteger dos males e sofrimentos da existência?

Podemos manter algum nível de relacionamento com a instância divina?

Esse relacionamento condiciona ou interfere em nossa saúde psíquica e em nossa conduta ética?

O que há de comum entre as inúmeras religiões?

E o que não há de comum entre elas deveria nos fazer concluir, em última análise, que nenhuma religião é plenamente verdadeira?

E a maldade, tem mais poder do que o bem?

Para lidar com essas e outras questões, pedimos à Educação uma palavra de discernimento; aos professores, uma orientação. Pedimos à Escola um espaço democrático para estudarmos e pensarmos juntos.

Certamente, não cabe aos professores substituir os mestres idôneos de cada religião ou, muito menos, catequizar os alunos segundo algum tipo de cartilha com intenções de arrebanhar ovelhas.

À pedagogia não cabe fazer teologia.

E a escola não deve substituir as igrejas.

Seria uma compreensão errônea confundir os lugares, os objetivos e os métodos. Quando espaços e finalidades se confundem, a confusão vira epidemia. Mas como estamos à procura de um projeto de integralidade, também não faz sentido expulsar sumariamente a teologia da sala de aula ou impedir que o que as pessoas aprendem nas igrejas que frequentam seja elemento de composição para os diferentes aprendizados da mesma sala de aula.

Mais ainda. É interessante pensar que a pedagogia do diálogo, que valoriza a iniciativa, a vivência e os saberes prévios dos estudantes, contribui para que, na outra ponta, os espaços eclesiais e religiosos de modo geral abram-se ao pensamento crítico, à criatividade e à inovação.

Em cada circunstância, supõe-se o esforço de quem ensina na direção do fortalecimento positivo das personalidades, e no aperfeiçoamento das visões de mundo pessoais.

Ora, o que podemos, então, ensinar quando o tema é espiritualidade?

Caminhante, crie seu caminho

Em primeiro lugar, devemos apresentar a espiritualidade como fenômeno real, "ingrediente" significativo e palpitante da vida. Uma adequada antropologia filosófica ajuda a valorizar a espiritualidade humana em suas distintas manifestações, questionando preconceitos, sejam eles contra os que não creem, sejam eles contra os que creem ao seu próprio modo.

Uma vez que ensinar/aprender supõe mover-se do conhecido para o desconhecido, o ponto de partida consiste em identificar a realidade religiosa dos alunos, suas experiências pessoais, suas histórias, suas decepções e expectativas.

Daí em diante, o céu é o limite!

Uma forma lúdica de diálogo e aprendizado, com ótimas possibilidades, é a compreensão dos símbolos religiosos. Neles "desenha-se" o desejo humano de iluminação, purificação, compaixão universal, sabedoria, amor integral, misericórdia, justiça infalível, fortaleza, libertação etc.

Importante, sempre, destacar que essa busca espiritual pressupõe a liberdade de consciência e de religião, bem como a opção inegociável a favor da convivência pacífica e da colaboração mútua.

O diálogo na pluralidade é pressuposto fundamental. Sem ele, perdemos até mesmo a oportunidade de mostrar, a quem porventura rejeita estudos e pesquisas acerca da espiritualidade, tudo o que há de positivo e humanizador nesse tema.

Dialogar – para um professor, para uma professora – implica, antes de mais nada, escutar. Escutar e saber proporcionar conhecimento idôneo, referências seguras, argumentos lógicos, bibliografia apropriada, com as quais os alunos possam descobrir aos poucos, cada qual em seu ritmo, respostas que lhes pareçam menos ingênuas e mais convincentes.

A espiritualidade como objeto de aprendizado deveria, no mínimo, abrir nossos olhos para a fascinante complexidade da condição humana. Para o bem ou para o mal, o ser humano escapa dos enquadramentos "meramente naturais". O extraordinário desponta no ordinário. O ser humano ultrapassa o próprio ser humano, como afirmam inúmeros pensadores de modo paradoxal.

Deveria ser evidente também o parentesco entre espiritualidade e ética. Uma vivência religiosa que "justificasse" comportamentos anti-humanos instauraria a hipocrisia, doença espiritual terrível a ser tratada com a denúncia profética e com um apelo à mudança radical de atitude. Entre os iorubás, por exemplo, acredita-se que Olorum, o criador do mundo, instaurou em cada ser humano um oráculo interior do qual provêm orientações divinas para o agir correto.

A postura pedagógica interroga a espiritualidade sobre o seu alcance no mundo dos relacionamentos, sobre o cuidado com tudo aquilo que vive. Interroga ao mesmo tempo a ética sobre os seus fundamentos absolutos, uma vez que a busca pelo bem deve estar a salvo dos relativismos ou da arbitrariedade dos que se julgam "donos da verdade" ou "donos da ética".

Os professores têm suas próprias crenças e descrenças, suas próprias experiências no âmbito do religioso. No entanto, dentro de um programa de formação docente amplo, voltado para quem trabalha em todo tipo de instituições de ensino (e não exclusivamente escolas confessionais), não se trata de fazer a defesa preferencial desta ou daquela doutrina ou tradição, deste ou daquele movimento, comunidade ou igreja.

Isso é óbvio, mas vale a pena recordar o óbvio.

Estabelecer análises adequadas e boas discussões sobre espiritualidade contribui para algo primordial na educação: deixar que os alunos aprendam e façam as suas opções a partir de um conjunto de dados e informações orientadores, mas jamais taxativos, restritivos e recrutadores. Seria preocupante que professores (crentes ou descrentes) quisessem fundar "igrejinhas" particulares ou obter "seguidores" e "discípulos".

Até os ateus podem cair nessa tentação!

Uma coisa é que os professores comentem sua eventual adesão ou sua *não adesão* a uma linha religiosa, a uma filosofia espiritual, a uma determinada visão de mundo. Outra, bem diferente, e bem despropositada, é fazer das aulas campo de batalha, seja com pregações sectárias, seja com pregações antirreligiosas.

As palavras-chave comentadas nas páginas seguintes procuram cobrir facetas da espiritualidade humana, e a esses comentários unem-se sugestões de ordem prática, dirigidas em primeiro lugar aos professores.

E um esclarecimento final, necessário: não se pretende aqui doutrinar quem quer que seja. A doutrinação e o proselitismo ferem os princípios do respeito mútuo e desvirtuam perigosamente não só a tarefa educativa, mas também a própria vivência da espiritualidade.

30

PALAVRAS-CHAVE PARA ENTENDER A ESPIRITUALIDADE

Alma

Nós nos entregamos de corpo e alma ao trabalho docente. Somos corpos docentes animados pela vontade de cuidar, contribuir, orientar, transformar. E o que nos anima é justamente a alma, como esclarece a etimologia (em latim, "alma" é *anima*).

O corpo é animado pela alma, e a alma se reanima graças ao corpo. Embora interdependentes e articulados, cada qual ostenta seu próprio estatuto.

Precisamos caminhar de alma leve para que o peso da vida não seja ainda maior do que é.

E, sobretudo, jamais vender nossa alma, pois não tem preço!

O escritor irlandês Oscar Wilde dizia que certas pessoas (referia-se aos cínicos) sabem muito bem o preço de tudo, mas desconhecem o valor das coisas valiosas.

Nossa alma não tem preço. Seu valor é incalculável. Não é mercadoria passível de negociação.

Para cuidar e valorizar nosso corpo, recorremos à auto-observação. O mesmo faremos com relação à alma: observá-la e valorizá-la, descobrindo e conhecendo melhor suas possibilidades, para tomar iniciativas educadoras.

Percebemos que nossa alma, sempre conjugada com o corpo e compondo com ele uma só realidade pessoal, possui duas forças: a inteligência e a vontade.

Se adotarmos uma visão estritamente materialista, nosso cérebro será visto como o único responsável pela inteligência. Considerando, porém, a alma como fonte espiritual da inteligência, o cérebro atua como colaborador indispensável de nossa atividade intelectual e, portanto, de nossas tarefas docentes.

"MINHA ALMA CANTA."

(Tom Jobim)

Recolhemos dados e informações mediante os cinco sentidos, e, a partir disso, formulamos hipóteses, conhecemos, definimos, aprendemos, elaboramos conceitos, ensinamos, e, ao mesmo tempo, reconhecemos estar abertos para o que nos transcende.

Fazemos ciência, e, além da ciência, tomamos consciência.

Consciência pode ser entendida em ao menos duas acepções.

Primeira acepção: como percepção daquilo que somos, sabemos e fazemos.

Segunda acepção: como espaço interior em que, do ponto de vista moral e espiritual, avaliamos a nós mesmos (nossos atos, nossas omissões, nossos pensamentos) e as situações que se dão ao nosso redor.

Certa vez, conta-se numa fábula, a raposa e o leopardo estavam discutindo para saber qual dos dois era o animal mais belo. O leopardo não cansava de elogiar-se, exibindo seu corpo esguio, coberto por pequenas manchas redondas de coloração preta. Então a raposa retrucou: "Sou mais bela que você, pois tenho essa elegância e colorido não no corpo, mas na alma!".

A beleza da alma também se manifesta na vontade, essa capacidade de fazer escolhas e impulsionar ações.

Lembremos que, pelo fato de sermos corpo, o corpo participa vivamente das nossas tomadas de decisão e reivindica com toda razão seu papel como cooperador essencial em tudo o que queremos e fazemos.

A alma pensa livremente, tem vontade própria, decide... é artística, matriz da criatividade.

O poeta canta. Seu corpo produz música, dança, interpreta, teatraliza, brilha. Contudo, o poeta revela que é sua alma quem está cantando. No seu íntimo, nas entranhas de suas entranhas, o fogo crepita e a água brota.

A alma canta porque se encanta.

E a alma docente busca viver o mais consciente possível.

SUGESTÃO

No final do dia, recorde os principais acontecimentos da jornada, dando-lhes o devido valor.

Amor

No âmbito da espiritualidade, o amor participa de uma compreensão mais profunda a respeito de quem somos, de nossa origem e nosso destino.

Os místicos referem-se ao amor divino em termos humanos, porque, afinal de contas, é somente em termos humanos que sabemos falar.

Por exemplo, a imagem do casamento espiritual é uma representação recorrente, que simboliza a união entre criatura e Criador. O *Cântico dos cânticos*, livro sagrado do judaísmo, semelhante a uma antologia de cantos de amor populares, no qual Deus sequer é mencionado, tornou-se referência para a analogia teológica: os amantes apaixonados representam o povo e seu Salvador, a alma e seu Esposo, a humanidade e a Divindade.

Nada mais natural do que olhar o sobrenatural com nossos próprios olhos.

O amor que vivemos entre nós, no casamento, na amizade, nas relações entre pais e filhos é o nosso modo de vislumbrar o amor infinito.

Nosso aperfeiçoamento como seres chamados a amar infinitamente nos lança para além dos horizontes do cotidiano, sem abandoná-los.

"NO ENTARDECER DA VIDA, SEREMOS JULGADOS PELO AMOR."

(São João da Cruz)

Porque, antes do "além", e como requisito básico, estão as realidades do "aquém", do aqui e agora, as realidades humanas, e está o amor a si mesmo, que se manifesta de modo intenso no instinto de conservação.

Procuro meu próprio bem, o que é inato.

Penso em minhas necessidades, o que é espontâneo.

Cuido de mim, o que é decorrência da natural vontade de viver.

Daí a primeira regra de ouro da afetividade: amar os demais como amamos a nós próprios. Cristãos, hinduístas, budistas, muçulmanos, umbandistas e seguidores de centenas de tantos outros cultos e religiões consideram-na condição *sine qua non* para viver coerentemente.

Esse amor por si mesmo se tornará puro egoísmo, no entanto, caso elimine a expectativa de receber amor de outro alguém. E depreendemos disso a segunda regra de ouro da afetividade (e da felicidade): amar e ser amado.

Sabemos, porém, que tudo será interrompido pela finitude.

Querer o amor "para sempre" é sonho do qual iremos acordar em breve.

Sempre de mãos dadas com as realidades terrestres, ressurge o impulso em direção ao amor perfeito, do qual derivam todos aqueles nossos amores. Amor indestrutível, ao qual atribuímos, entre muitos outros, o nome de Deus.

O Deus do amor, cuja lei é amar. E na avaliação final, como dizia o místico espanhol João da Cruz, seremos observados pelo amor que tenhamos vivido e difundido.

Os amores humanos nos levam ao amor divino, e o amor divino nos reenvia aos amores humanos, entre os quais o amor pedagógico, intrínseco ao trabalho docente. Amor específico, que se distingue do "amor materno", do "amor paterno", "do amor fraterno", do "amor amigo", do "amor social" etc.

O amor pedagógico é um "querer bem", que quer o bem integral dos alunos, dentro do contexto escolar e acadêmico. Estão em jogo, aqui, as várias vertentes do conhecimento: o autoconhecer-se, o conhecimento dos conteúdos curriculares, dos valores, e tantos outros saberes, incluindo os que nos aproximam da espiritualidade.

SUGESTÃO

Descubra os diferentes tipos de amor que habitam seu coração.

Anjos

A palavra "anjo", no grego e no latim, significava "mensageiro". Entre nós o papel e a missão dos anjos consistem em atuar como mediadores.

Que mediação e que mensagens serão essas?

Os anjos são como uma escada pela qual a divindade desce e a humanidade sobe. Enviados pelo Amor infinito como embaixadores de sua total confiança, os anjos vêm orientar os seres humanos para a escalada rumo ao céu. Por essa escada podemos nos elevar, indagando sobre os mistérios da existência.

Antigas narrativas sugerem que os anjos foram convidados por Deus a aceitarem a missão de proteger e servir as criaturas humanas, a rezar por elas, e a escoltá-las até o palácio celestial.

A noção (e devoção) de que todo ser humano (crente ou não) tenha ao seu lado um anjo protetor (no cristianismo designado como "anjo da guarda") exerce sobre as pessoas um forte atrativo.

O grande pesquisador da cultura nacional, Câmara Cascudo, observou atitudes e costumes interessantes em torno do guardião angélico. Entre o povo simples, registrou-se a crença de que almoçar despido ofende seu anjo da guarda. Os anjos da guarda de todos os que se sentam à mesa para a refeição esperam que as orações sejam devidamente recitadas, em agradecimento pelo pão cotidiano. Do anjo da guarda espera-se a proteção para os que empreendem longas viagens. E, antes de dormir, pede-se a esse ser celeste que o sono das crianças seja velado.

"SOMOS MENSAGEIROS. NÃO SOMOS NEM A LUZ NEM A MENSAGEM."
(Wim Wenders)

Muitas vezes a fantasia popular, o pensamento mágico e os voos artísticos retratam os anjos de forma que sua existência torna-se inacreditável. Basta pensarmos nos anjinhos barrocos, inspirados em crianças gordinhas e de cabelos encaracolados. Não correspondem à ideia teológica de espíritos incorpóreos com uma enorme capacidade intelectual e amor ardente pelo Criador.

A angelologia procura sistematizar os estudos em torno dos seres celestes, imprimindo racionalidade e verossimilhança a antigas crenças. Entre as obras produzidas com esse intuito, é obrigatório citar *A hierarquia celeste*, tratado de angelologia cristã escrito por Pseudo-Dionísio, o Areopagita, no século VI.

A ideia fundamental desse tratado é que existem diferentes categorias angélicas, interligadas por um relacionamento de amor e aprendizado. O supremo objetivo é conhecer Deus e identificar-se com Ele. Anjos como os serafins e querubins, extremamente próximos ao Todo-Poderoso, ensinam a outros aquilo que aprenderam, para que todos se elevem em direção "Àquele que é o princípio soberano e a finalidade de toda a bela harmonia".

Em diferentes doutrinas, os anjos aparecem como seres superiores que ensinam coisas aos homens, sejam técnicas novas para trabalharem melhor, sejam verdades para seu aperfeiçoamento.

O pressuposto é que os anjos são ensinados por Deus; e os seres humanos abertos à transcendência são, por sua vez, ensinados pelos anjos, tal como se relata na biografia de Maomé, que fundou o islamismo sob a orientação do anjo Gabriel.

Na sequência, os seres humanos que foram ensinados pelos anjos tornam-se mestres de seus irmãos e filhos, que por sua vez serão mestres das futuras gerações.

SUGESTÃO

Se você acredita na existência dos anjos, experimente pedir-lhes pequenos e grandes favores.

Ateísmo

O ateísmo mais radical não vê o menor sentido em discutir temas como Deus ou religião. Para a visão de mundo ateia, a vida humana, sem nenhum tipo de mistificação, sem espaço para milagres e devoções, deve ser vivida tal como é, e ponto final.

O ateísmo em coerência máxima prescinde de quaisquer referências divinas, abre mão de explicações sobrenaturais e rejeita todos os dogmas religiosos.

No entanto, o ateísmo (que em princípio é negação) traz em si uma positividade mais ou menos velada. A maneira de pensar ateística não está necessariamente dissociada da busca espiritual.

Muitos daqueles que se autodenominam ateus negam, na verdade, representações de Deus incompatíveis com a bondade, a justiça e a razão. Ao questionarem tais representações, fazem perguntas pertinentes, sobretudo para aqueles que creem.

Por acaso deveríamos acreditar num Deus cruel, vingativo e sanguinário?

Poderíamos fazer a apologia de um Deus que passa o dia preocupado em censurar a conduta sexual dos seres humanos?

Ou, como se indagava o poeta basco Patxi Ezkiaga, faria sentido acreditar "num Deus que tem fascínio pelo dinheiro e pelo poder político"?

Não reconhecendo nas imagens que recebemos (através da família ou de alguma comunidade religiosa) aquele Deus em quem poderíamos crer – ou no qual gostaríamos de crer –, abre-se um espaço para uma forma mais positiva e mais ampla de pensar.

Nesse caso, outras perguntas precisam ser formuladas.

Como poderíamos rejeitar um Deus amoroso, maternal e pacificador, caso Ele existisse e se manifestasse diante de nós diretamente?

E se Ele é assim, generoso e bom, mas não se manifesta claramente diante dos nossos olhos, não seria essa uma prova de que Deus supera os modos contingentes de manifestação e o nosso próprio modo de imaginá-lo?

Se existisse de fato um Deus que nos ama com ternura e nos acolhe incondicionalmente, como não poderíamos acreditar ou, até mesmo, adorar?

"MEU ATEÍSMO RESPONDE A QUESTÕES LIMITADAS AO MEU UNIVERSO."
(Leandro Karnal)

Ao ouvirmos as perguntas e os argumentos do ateísmo, podemos levantar a hipótese de que os ateus esperam das religiões ao menos uma discussão inteligível e inteligente.

O ateísmo é uma resposta, na concepção de Karnal, que satisfaz somente a ele e a suas questões pessoais. Esse historiador e professor gaúcho, que na juventude viveu uma forte experiência católica, não tem, na maturidade, a menor pretensão de "catequizar" ou convencer alguém de seu ateísmo.

É como se estivéssemos diante de uma fé ao avesso, contrária a produzir qualquer tipo de apologia a favor da descrença.

No entanto, nem todos os ateísmos são assim, moderados e introvertidos. Há os ateus militantes, que possuem uma espécie de patrono na figura do célebre pensador franco-alemão Paul Heinrich Dietrich (mais conhecido como Barão de Holbach).

Legítimo representante do iluminismo (século XVIII), o Barão de Holbach escreveu uma obra interessantíssima, *Teologia portátil ou dicionário abreviado da religião cristã*, na qual o verbete "espiritualidade" vale como resumo de sua visão "ateológica":

> *ESPIRITUALIDADE. Qualidade oculta inventada por Platão, aperfeiçoada por Descartes e transformada em artigo de fé pelos teólogos. Ela convém evidentemente a todos os seres sobre os quais nada sabemos quanto à maneira de ser e de agir. Deus é espiritual, nossa alma é espiritual, o poder da Igreja é espiritual. Isso significa, claramente, que não estamos muito a par nem daquilo que eles fazem nem da sua maneira de agir.*

SUGESTÃO

Interprete os argumentos do ateísmo, enfatizando o que eles têm de positivo.

Bem

A palavra "bem" ostenta enorme quantidade de acepções. Precisa ser contextualizada com rigor para que se compreenda corretamente o sentido que adquire em cada momento.

Ao dizer que uma pessoa "ensina bem", utilizo a palavra como advérbio que indica "maestria". Na frase "ele está indo bem na escola", o mesmo advérbio remete agora às ideias de harmonia e êxito. Nesta outra, "o professor agiu bem com os alunos", entramos no campo da ética: o professor agiu de modo justo e correto.

Ser benévolo com outra pessoa é desejar-lhe o bem, compreendendo suas dificuldades e tratando-a com todo afeto e boa vontade.

Mas o bem não é algo para poucos, e por isso convém reforçar as noções de bem comum, de bem público, diretamente ligadas à vida política. É obrigação do Estado proporcionar o necessário bem-estar a todos os cidadãos, cuidando para que a igualdade de oportunidades e a distribuição de recursos criem uma sociedade o mais equilibrada possível.

Pensando, portanto, na dignidade da pessoa, no aperfeiçoamento moral, na justiça social e na realização máxima do indivíduo, podemos partir do conceito de bem-estar como primeiro grau de felicidade (que envolve a satisfação das exigências físicas e psicológicas, do desejo de conforto, segurança e tranquilidade) em direção à ideia de bendizer.

Bendizer, abençoar, consiste em dizer boas palavras sobre alguém a fim de lhe proteger dos males, despertar o amor e propiciar a bem-aventurança que, em linguagem religiosa, corresponde à suprema felicidade. Na cultura dos orixás, recomenda-se que as pessoas peçam a bênção entre si, para fazer crescer em cada um a força sagrada do axé.

Se a ética estabelece como prioridade a busca do bem pessoal conjugada à do bem comum, a metafísica vislumbra o sumo bem, o Bem, com a primeira letra maiúscula, o Bem transcendental. Quando o Bem é considerado supremo e insuperável, pode identificar-se com a própria noção de Deus.

"O BEM É AQUILO QUE TODAS AS COISAS DESEJAM."
(Aristóteles)

E quem não deseja o bem? Quem não gosta de receber "parabéns", que se traduz assim: "tudo seja para bens e não para males". Quem não desejaria que o bem ocupasse todos os espaços e permanecesse em nós e ao nosso redor o tempo todo?

Entre os seguidores dos ensinamentos de São Francisco de Assis é frequente ouvir a saudação "paz e bem!". Ao bem associa-se a paz, seja em termos humanos (a paz entre os seres humanos e entre as nações), seja em termos sobrenaturais (a paz eterna).

Um dos maiores elogios que podemos fazer a uma pessoa é afirmar que passou a vida realizando o bem. Tal comportamento a coloca em ligação direta com o Bem, pois é desse Bem, com letra maiúscula, que nascem todos os bens, e todos os bens de alguma forma nos fazem sempre de novo aspirar ao Bem infinito.

Em outras palavras, o bem é ao mesmo tempo imanente e transcendente.

É imanente, na medida em que o sentimos em nós e dentro de nós: a saúde é um bem, nossas capacidades são um bem, o amor, o conhecimento, a beleza, a virtude são um bem, e o próprio fato de estarmos vivos é um grande bem.

E é transcendente, pois todos os bens desejados tendem a se deteriorar, mas nosso desejo continua vivo e ardente.

Continuamos em busca do Bem: o amor eterno, a beleza eterna, a vida eterna.

SUGESTÃO

Faça uma lista de todos os bens que você almeja.

Corpo

A vida corporal pode ser objeto de desprezo ou de exaltação.

Uma atitude de desconfiança, em que o corpo é encarado como lugar da tentação, do pecado e do mal, não corresponde a uma antropologia aberta à transcendência.

Aliás, toda espiritualidade que calunie o corpo é uma espiritualidade desumana, por interpretar a corporeidade como algo extrínseco e, em última análise, prejudicial para a nossa plena realização humana.

Por outro lado, transformar o corpo numa espécie de ídolo, endeusando-o e quase lhe prestando culto, reduz a vida humana aos seus aspectos materiais, o que também não se ajusta adequadamente à realidade.

Numa concepção dualista do ser humano, corpo e alma vivem em oposição. Até mesmo em guerra! O corpo (especialmente em razão da sexualidade) atrairia perigos para a salvação da alma e esta, por sua vez, teria pouco a dizer ao corpo, mergulhado exclusiva e intensamente no mundo do trabalho, do prazer e da busca pela sobrevivência.

Se o corpo atuar como inimigo da alma e sentir-se menosprezado por ela, o próprio ser humano é quem estará em grave perigo.

Segundo a fenomenologia, há uma distinção que ajuda a resolver esse dilema reducionista. Trata-se de observar o corpo de dois pontos de vista diferentes, mas complementares: o *corpo objeto* e o *corpo próprio*.

No primeiro caso, o corpo é algo que podemos tocar, medir (em sua altura, largura e profundidade), pesar, carregar etc. Possui propriedades materiais e demandas condizentes com tais propriedades. Desse ponto de vista, o corpo está sujeito a todos os processos físico-químicos, bem como às demais leis e circunstâncias que afetam toda substância sólida que ocupa lugar no espaço.

Quanto ao corpo próprio, trata-se de uma realidade escondida, profunda e silenciosa que permite a minha presença (física e anímica) no mundo, a minha comunicação com o entorno, e que postula a minha sobrevivência para além da morte. Dessa forma, cessam as hostilidades e torna-se possível falar em um *eu espiritual/corpóreo*, superando a oposição entre espírito e matéria.

Integrado assim ao todo da pessoa, o corpo participa, compartilha e conjuga todos os verbos da espiritualidade humana: o corpo aprende, ensina, intui, crê, reza, adora.

**"ESTE É MEU CORPO,
CORPO QUE ME FOI DADO
PARA DEUS SACIAR SUA
NATUREZA ONÍVORA."**

(Adélia Prado)

O corpo é constitutivo da minha integridade em ser humano, e não mais uma parte (menor) de tudo o que sou. Na prática docente, nós, literalmente, não podemos tirar o corpo fora!

Outro caminho para distinguir e unir consiste em adotar os quatro "tipos" de corpo mencionados pelo educador Ruy Cezar do Espírito Santo em seus estudos sobre autoconhecimento, didática e formação docente: o corpo físico, o corpo mental, o corpo emocional e o corpo espiritual.

Essa quaternidade, na prática educativa, implica em exercitar o corpo físico, aprimorar o corpo mental, entender os limites e alcances do corpo emocional e perceber o essencial da existência, graças ao reconhecimento do corpo espiritual.

Tais experiências conduzem à sabedoria, que, entre outras coisas, nos ajuda a viver o momento presente, o aqui e agora: saboroso aperitivo da eternidade.

SUGESTÃO

> Promova o diálogo, a colaboração e a síntese entre os corpos físico, mental, emocional e espiritual.

Divindade

A divindade refere-se à natureza divina ou aos entes divinos, voltando-nos para os quais acreditamos encontrar algum tipo de explicação para o inexplicável.

De fato, à primeira vista, é inexplicável que o universo exista, que exista a natureza, que nós existamos.

Mas justamente porque refletimos sobre a realidade e consideramos absurdo que tudo isso seja inexplicável, procuramos incansavelmente alguma explicação.

Nossa razão e nosso sentimento pedem uma resposta plausível e inteligível sobre a fundação da realidade e sobre o nosso próprio surgimento. Não aceitamos a resposta "é assim porque sempre foi assim e sempre será assim".

Queremos saber as causas de todas as coisas. Conhecer como tudo começou e porque tudo continua a existir desse modo, e não de outro. E quem são os responsáveis, se é que eles estão dispostos a se revelar.

Nossa investigação sobre a origem da humanidade se desdobra naquelas três perguntas urgentes: "De onde viemos, quem somos, para onde vamos?". E essas, por sua vez, ramificam-se em tantas outras, em que não está ausente o anseio por uma sabedoria imemorial.

Ao nos interrogarmos sobre a origem de tudo, deparamos com narrativas igualmente imemoriais, narrativas estas que, mediante figuras, símbolos, imagens, metáforas, nos fazem entrar em contato com as forças criadoras da vida e do mundo, e com interpretações sobre a problemática condição humana.

Lembremos, entre os exemplos mais famosos, a dramática história do zigurate da Babilônia, ambiciosa torre-templo que, mais conhecida como Torre de Babel, na versão judaica, foi o palco em que se encenou a proliferação dos idiomas, demonstrando-se como é inútil querer levar avante um projeto coletivo, mesmo de caráter religioso, sem ter como base a humildade, a solidariedade e o diálogo.

Em busca do núcleo explicativo de todos os enigmas, conscientes de nossa contingência e indigência, vislumbramos deuses e deusas. Poderão eles nos contar como tudo começou, o motivo de nossa existência, qual será o nosso destino final? E podemos confiar neles, aprender com eles o que é fundamental para a nossa preservação e para a concretização do maior de todos os desejos, o visceral desejo de imortalidade?

**"NÓS VALEMOS NO DESERTO
AQUILO QUE VALEM
OS NOSSOS DEUSES."**

(Antoine de Saint-Exupéry)

Inúmeros relatos mitológicos nos definem como criaturas que esperam dos deuses todo auxílio e inspiração. E o mais espantoso é que os deuses estão vivamente interessados na vida humana! Preocupam-se com nossa agricultura, com nossas guerras, com nossas enfermidades, com nossas aventuras e desventuras amorosas.

E nos enviam avisos trágicos e mensagens de esperança. E nos ajudam a elaborar códigos de conduta. E esperam orações e sacrifícios de nossa parte. E elegem, para nos orientar, sacerdotes, líderes carismáticos, mestres, curandeiros, exorcistas e profetas, que têm, não raramente, o dom de interpretar sonhos e prever o futuro.

As mitologias referem-se ao fundamento último da realidade.

É fundamento divino, criador, onisciente, digno de reverência, ou não seria fundante absoluto.

A história das religiões atesta que a noção de divindade consegue satisfazer (sem esgotar) a nossa imperiosa necessidade de abordar o mistério.

SUGESTÃO

Em que exatamente você está pensando quando diz "meu Deus", ou quando usa o adjetivo "divino" para elogiar alguma coisa?

Esperança

Numa nota de rodapé do seu livro sobre resiliência e fortaleza (num interessante diálogo entre psicologia, ética e teologia), o professor Craig Steven Titus observa que, em latim, em inglês, em italiano e em alemão, existe apenas um vocábulo para designar "esperança" (e podemos acrescentar que em português e em espanhol ocorre o mesmo), ao passo que a língua francesa dispõe de duas palavras diferentes: *espoir* e *espérance*.

A esperança-*espoir* está na linha das esperas cotidianas. Esperamos o convite para uma festa, esperamos que a chuva acabe, que a fila ande, que o e-mail chegue, esperamos o início de um espetáculo, esperamos o resultado de um exame escolar. Temos esperança de que o nosso time de futebol jogue bem na próxima partida. Temos esperança de conseguir um desconto na compra de alguma coisa cujo preço está acima do que esperávamos...

São esperas rotineiras e recorrentes.

Já a esperança-*espérance* é uma virtude teologal, e aqui estão em jogo questões realmente decisivas para a nossa vida. Não se trata daquela esperança que morrerá por último. Essa esperança, que morre, é *espoir*, é espera

44

passível de se frustrar: o convite para a festa que não veio, o e-mail que não chegou, a nota do exame que não foi das melhores.

A esperança teologal, ao contrário, é aquela que não morre e que, além disso, nos faz viver e reviver.

Foi a partir dessa esperança que o monge beneditino Anselm Grün escreveu um belo texto intitulado precisamente "Em que tenho esperança", no seu livro *Pequeno tratado do verdadeiro amor.*

O monge diz esperar que Deus transforme as dores humanas em alegria eterna, que em cada coração despertem-se o amor, a paz e a concórdia, que a humanidade aprenda a falar uma linguagem capaz de dizer o indizível, e que a comunidade humana seja espaço de acolhimento para sofredores e excluídos.

Anselm Grün diz esperar, em suma, por uma espiritualidade que nos ponha em contato com nossas fontes interiores, das quais possamos beber a água divina, que jorrará mais e mais à medida que a saborearmos, identificando nela o sentido da vida.

"EU QUERO A ESPERANÇA DE ÓCULOS."
(Zé Rodrix)

Há quem espere sentado, imaginando que as coisas irão acontecer mais cedo ou mais tarde. São pessoas conformadas, ou talvez comodistas.

Uma atitude próxima a essa é esperar que coisas boas caiam do céu por si mesmas. O problema, então, está em confundir a autêntica esperança com o pensamento mágico, que poderá nos iludir e decepcionar de modo irreversível.

Quanto àquela frase feita "quem espera sempre alcança", cabe a pergunta: trata-se de *espoir* ou de *espérance*?

A persistência da esperança teologal está fundamentada na certeza de que as decepções são passageiras, de que as desilusões são apenas uma etapa da existência. O fundamento dessa esperança confiante, total e inabalável é o amor divino.

Ainda que tenhamos apenas um fio de esperança, esse fio será indestrutível se uma das suas pontas estiver firmemente presa ao céu e a outra, em nossas mãos.

Daí a importância de nutrir a esperança diariamente, praticando a meditação.

Pela meditação, aprendemos a não soltar o fio da esperança. E aprendemos a ver com mais profundidade, pois a meditação faz a esperança humana usar os óculos da fé.

A esperança de óculos enxerga possibilidades que nem os mais otimistas conseguem prever. Muito menos os pessimistas.

SUGESTÃO

Em sua meditação, substitua receios e medos pela esperança teologal.

Espírito

O termo "espírito" procede do latim *spiritus,* vinculado ao verbo *spirare,* "soprar", "respirar".

Espírito é vida plena e é liberdade plena.

É atividade infinita para criar, mover, transformar, estimular, organizar, inspirar, cuidar, curar, corrigir e ensinar.

Por não estar preso às circunstâncias materiais, o espírito transcende ao tempo e ao espaço, e encontra-se sempre presente em todas as partes.

Em termos religiosos ou místicos, é o espírito que purifica e santifica os seres humanos, mas é também graças ao seu impulso pedagógico que a humanidade adquire saberes, pratica virtudes, supera limites, ganha habilidades e desenvolve competências.

O espírito paira sobre as águas, produz o fogo, remove a terra e atravessa os ares. Faz-se ventania, montanha, sol e fonte de água viva. Essa multicapacidade do espírito lhe confere o poder de penetrar em todos os ambientes. Não há portas ou janelas fechadas para o espírito. Nem distâncias que não possa vencer.

Quando digo a alguém que não poderei comparecer a determinado evento, mas que estarei lá "presente em espírito", é porque estarei presente de modo incorpóreo, porém de modo sério e intenso.

"O ESPÍRITO MOVE A MATÉRIA."
(Virgílio)

O espírito é potência, realismo, criatividade e doação generosa.

É o espírito que oferece visão aos visionários, senso de justiça aos juízes, senso estético aos artistas, vigor aos batalhadores, equilíbrio aos governantes, sabedoria aos cientistas, esperança aos destemidos, fé aos que professam.

Nós, professores, professamos nossa fé na educação.

Em sua versatilidade, o espírito tem a peculiar característica de não temer a descida e o despojamento. Aliás, justamente por estar acima de tudo, o espírito, digamos assim, não se incomoda em descer para recriar o mundo.

No seu *Dicionário do espírito*, o filósofo espanhol Eugenio Trías mostra que o espírito atua e opera como aquele que dá as "chaves hermenêuticas" da realidade, ou seja, ele nos faz adquirir o conhecimento libertador, a iluminação intelectual, a clarividência.

O espírito ilumina, faz vibrar, encoraja, mas sua atuação jamais poderá ser programada por nós. A imprevisibilidade do espírito assusta e contraria quem desejasse prendê-lo ou dominá-lo. Ninguém pode controlar sua força, sempre surpreendente.

O espírito pode ser brisa ou furacão. Pode ficar em silêncio ou produzir discursos. Pode parecer inofensivo como uma pomba, ou revelar-se arrebatador como uma águia de gigantescas asas.

É o espírito quem decide quando, como e sobre quem atuar. Conforme escreve Trías, ele "toma posse do sujeito, agarra-o pelos cabelos, ou o enche de força e vigor, ou lhe comunica o dom de línguas e o dom profético".

Dizem alguns místicos que o espírito é "a alma da alma", no sentido de que a vida humana por si só não conseguiria verticalizar-se ao nível do eterno, ultrapassando os limites da contingência.

Para o teólogo protestante Karl Barth, "é impossível falar e é impossível calar" a respeito do espírito, de sua santidade e poder. Tudo o que falamos sobre isso é insuficiente, mas somos sempre impelidos, pelo próprio espírito, a falar... e a escrever.

SUGESTÃO

Antes de alguma atividade importante, peça humildemente a inspiração divina.

Eternidade

O que exatamente dizemos com a palavra "eternidade"? A filosofia ensina que há pelo menos duas concepções de eternidade. Uma delas é a de duração indefinida. Isso significaria que o tempo contínuo não tem começo nem fim. Que tudo o que existe sempre existiu e sempre existirá.

A segunda concepção de eternidade refere-se à intemporalidade absoluta. Em outras palavras, a eternidade como tal encontra-se fora do tempo, transcende o tempo, apagando-se qualquer distinção entre passado, futuro e presente. Por consequência, terá havido um momento em que o tempo foi inaugurado, sem que a eternidade viesse a perder sua condição de total transcendência.

Importante frisar que o modo negativo de definir a eternidade como *não tempo* (e como *não espaço*) é uma forma limitadíssima de definição. No entanto, como poderia ser diferente? Estamos "presos" à matéria e aos relógios, e não há outro caminho além dos nossos caminhos humanos: é sempre em termos espaciais e temporais que pensamos em tudo, mesmo quando se trata do impensável, do inabarcável e do inefável.

Nietzsche expressou com uma frieza objetiva máxima o quase nada que somos diante do Todo. Suas palavras fazem pensar que nosso esforço de conhecimento acerca da eternidade (e de qualquer outra coisa...) é irrelevante:

> *Em algum recanto afastado do universo cintilante que se derrama em um sem-número de sistemas solares, havia certa vez um astro, em que animais inteligentes inventaram o conhecimento. Foi o minuto mais arrogante e mais mentiroso da "história universal": mas também foi só um minuto. Após alguns arquejos da natureza, congelou-se o astro, e os animais inteligentes morreram.*

É impossível para nós – habitantes mortais de um planeta ínfimo, minúsculos "animais" sobre este imperceptível grão de areia que chamamos de Terra, planeta este perdido no meio de um universo que existe há mais ou menos 14 bilhões de anos (sem contar agora a hipótese dos multiversos), e que comporta cerca de 70 sextilhões de estrelas (incontáveis 70.000.000.000.000.000.000.000 de estrelas), distribuídas por mais de 100 bilhões de galáxias –, é absolutamente impossível para nós, por mais inteligentes que sejamos, conceber o que é o Oceano do Ser.

Nossos pequeninos oceanos (que ocupam 70% da superfície do planeta) possuem um volume total de água estimado em 1,3 bilhão de quilômetros cúbicos. Não passam de insignificante gota d'água prestes a evaporar-se.

"A ETERNIDADE ME CHAMOU PARA VIVER: IREI."

(Jorge de Lima)

No entanto, podemos vislumbrar como destino de nossas vidas um oceano sem margens, e associar essa imagem, oceanograficamente inexistente, à noção de eternidade.

É como se, apesar de sermos tão limitados e impotentes, abrigássemos dentro de nós um "espaço" de possível eternidade. Porque conseguimos ver nossos limites, intuímos o que está para além deles.

Mesmo estando enclausurados no tempo, com tudo o que isso implica de fragilidade, finitude e morte, nós nos sentimos chamados a pensar na eternidade.

Melhor ainda: nós ansiamos participar da eternidade.

Por um lado, somos seres do tempo efêmero. Mas, por outro, sentimos que essa eternidade imaginada, desejada e incompreensível está na origem do universo, e em nossa própria origem.

Nosso corpo e nossa alma querem viver para sempre.

Somos rios transitórios com um objetivo maior: desembocar no Oceano Eterno.

SUGESTÃO

Tome consciência do seu desejo de viver para sempre: é um desejo natural do ser humano.

Fanatismo

Dizia um professor de teologia que a religião desperta em nós o que temos de melhor... e o que temos de pior!

O fanatismo religioso é uma disfunção espiritual, não por excesso de fé e convicção, e sim por ausência de equilíbrio e maturidade.

Tal desequilíbrio e imaturidade, vale a pena ressaltar, não está presente apenas entre seguidores de seitas religiosas.

Em seu livro *Como curar um fanático*, Amós Oz explica que o crescimento do fanatismo, seja ele religioso, político, social ou econômico, pode ter, entre suas motivações, o fato de as pessoas desejarem respostas simples (e em princípio incontestáveis) para as complexas questões da vida humana.

Respostas simples, sem margem para dúvidas ou ambiguidades, supostamente avalizadas pelo próprio Deus, garantidas por um profeta, ou reveladas por um líder carismático, vêm marcadas pela idoneidade absoluta, que dispensaria quaisquer argumentos racionais ou discussões questionadoras.

Amós Oz sugere dois antídotos para o fanatismo: a curiosidade e o humor.

Na educação, esses dois elementos são igualmente imprescindíveis.

A cura pela curiosidade está na linha do trabalho de pesquisa e da honestidade intelectual. A aventura intelectual exige critério, coragem e humildade. Fanáticos, porém, já sabem tudo. Não perguntam nada a ninguém. Seu receio com relação aos livros é sintomático. Todo fanático se sente no direito de proibir leituras e, em geral, desconfia de toda manifestação artística que coloque em xeque sua visão de mundo.

O senso de humor é o outro contraveneno recomendado pelo escritor israelense. Uma piada contundente corrói a falsa segurança que o fanatismo ostenta. O fanático tem medo de rir de si próprio ou de seus próprios julgamentos porque, nessa hora fatal em que a razão solta uma gargalhada, é possível experimentar novas e inesperadas iluminações.

"O FANATISMO É UMA REAÇÃO AGORAFÓBICA, POIS TEME A ABERTURA DE TODO TIPO DE FRONTEIRAS."

(Gianni Vattimo)

Possuído por uma síntese inquebrantável e sem matizes, o fanático religioso teme igualmente praticar o exercício intelectual das análises.

Toda análise permite distinguir coisas boas e coisas não tão boas num sistema que parecia sólido e invariável. Análise requer discernimento, e o discernimento pode abrir para o fanático a porta da autocrítica.

Sendo o ataque a melhor defesa das pessoas inseguras (e o fanático é um poço profundo de insegurança), em algum momento o fanatismo justificará agressões e injustiças contra quem lhe pareça ameaçar sua fé ou seus princípios morais.

Assim como a curiosidade da pesquisa e o humor da inteligência, o poder da educação é outro antídoto para o fanatismo, além de necessário tratamento profilático.

No âmbito educacional, professores e alunos estabelecem um diálogo em que o respeito mútuo se estende à aceitação e até mesmo ao apreço pelo pluralismo.

Acusações tipicamente fanáticas ("inimigo da religião", "infiel", "relapso" etc.) não têm lugar num espaço em que prevalece a vontade de humanizar o mundo, conforme aquelas palavras simples e fortes de Malala Yousafzai, ativista paquistanesa que recebeu em 2014 o Prêmio Nobel da Paz por defender o direito de crianças e jovens à educação: "É graças ao poder da educação que conseguimos moldar o futuro e mudar vidas".

SUGESTÃO

As convicções verdadeiras não temem o ponto de interrogação. Use-o com frequência.

Fé

Podemos falar em fé do ponto de vista pedagógico, se lembrarmos, conforme Aristóteles, que é condição *sine qua non* do aprendizado acreditarmos em nossos professores. Se desconfiarmos de sua capacidade e de sua idoneidade, como aprenderemos?

Já um dos nossos mais saudosos educadores brasileiros, Rubem Alves, no seu livro *Espiritualidade*, referia-se à fé como deslumbramento com a beleza da vida e da arte: "Minha fé é estética. É um amor à beleza. A beleza é divina. Ao ouvir música de outras tradições percebo que Deus tem muitas belezas diferentes".

No âmbito propriamente religioso, a palavra "fé", embora tão pequena, carrega ainda outros grandes sentidos. Vejamos os mais conhecidos e utilizados.

A fé pode designar um sistema de crenças religiosas: a fé católica, a fé protestante, a fé umbandista, a fé islâmica etc. A fé como conjunto articulado de verdades, o que supõe certa razoabilidade, que irá garantir, em última análise, sua ensinabilidade.

Uma fé irracional e absurda não poderá ser ensinada nem aprendida. Será imposta por alguém e aceita passiva e cegamente pelos demais.

A toda fé como sistema mais ou menos razoável corresponde, assim, uma catequese, termo de origem grega que remete à ação de "instruir de viva voz", "repercutir", "fazer ecoar".

Mas fé designa também o "ato de fé" em si, a adesão livre que a pessoa dá a uma religião, a uma doutrina, a um catecismo.

Uma adequada antropologia da fé entende como desumano e imoral impor a outras pessoas ideias, cânones e preceitos religiosos.

É um direito da nossa consciência conhecer, duvidar, perguntar, refletir e, então, aderir (ou não aderir) a esta ou àquela crença com seu respectivo código de conduta. Ninguém deve ser forçado ou coagido a crer.

Aliás, adesão forçada já nem poderá ser chamada de verdadeira adesão.

Adesão autêntica pressupõe legítimo exercício da liberdade.

"MINHA FÉ NÃO É IMOBILIZANTE, ESTAR NELA É MOVER–ME, É ENGAJAR–ME EM FORMAS DE AÇÃO COERENTE COM ELA."
(Paulo Freire)

Há ainda uma fé que segue o caminho da afetividade, mas nem por isso é menos firme, senão seria classificada como irracional. Trata-se da fé amorosa, cujas força e intensidade aparecem de modo antológico na conhecida profissão de fé de Dostoiévski:

A minha profissão de fé é bastante simples: crer que não há nada mais belo, mais profundo, mais compreensivo, mais razoável, mais corajoso ou mais perfeito que Cristo; e não somente não há nada, como não pode haver. Mais ainda: se alguém me provasse que Cristo não está na verdade, e se fosse realmente estabelecido que a verdade não está com Cristo, eu preferiria permanecer com Cristo mais do que com a verdade.

Para além dessas possibilidades, é fundamental associar a confissão de fé com o comportamento de quem crê. Vale dizer, e perguntar: qual a relação entre a fé que eu professo e as exigências da ética?

Não estamos diante de uma questão erudita e distante da vida. Ao contrário.

Para o pensamento umbandista, como explicava o pai de santo Caetano de Oxóssi numa entrevista, viver a espiritualidade com fé significa colocar-se ao lado dos mais vulneráveis e lutar por um mundo mais justo.

Eis uma questão inevitável: de que modo a fé influencia nossas decisões quanto aos problemas sociais, políticos e educacionais?

SUGESTÃO

Diante de problemas e dificuldades concretas, demonstre sua fé com atitudes de coerência.

Felicidade

O escritor e médico baiano Aramis Ribeiro Costa conta uma sugestiva fábula sobre a busca da felicidade.

Duas pulgas se encontram e começam a conversar. Uma tem como "moradia" um cachorro vira-lata faminto, esquálido, fedorento, que procurava restos de comida numa sacola de lixo meio aberta. A outra "reside" num cachorro de raça, limpo, bem alimentado, perfumado, penteado, que vinha passeando tranquilamente com seu dono.

A pulga do vira-lata, mordendo-se de inveja, ainda tem que ouvir da pulga do cão com *pedigree* que esta não gosta daquela "mansão" tão limpinha e cheirosa. "Não estou nada satisfeita", ela insiste, "é muita frescura, muito pelo, muito perfume". Gostaria mesmo, confessa, de uma vida mais agitada, uma existência ao deus-dará, livre da rotina e do tédio. A pulga rica desdenha do seu luxo e da sua segurança, ao passo que a pulga pobre daria tudo para sair do vira-lata e viver no bem-bom, com todo conforto e abundância.

Resolvem trocar de cachorro. Cada qual parece ter encontrado o que mais desejava na vida. No entanto, o "final feliz" dessa breve história não será completo.

"NA CASA DA FELICIDADE, O MAIOR CÔMODO É A SALA DE ESPERA."

(Jules Renard)

A pulga rica, de fato, ficou muito contente no cachorro vira-lata. Foi lá que se casou, teve muitos filhos, netos, bisnetos, desfrutando de uma velhice cheia de aventuras e surpresas, até o último suspiro do cão de rua. Já a pulga pobre, tão logo se acomodou no cão de luxo, começou a pular de alegria, provocando no novo hospedeiro uma crise de coceira. A coceira do cão chamou a atenção dos seus donos. E a pobre pulga foi imediatamente morta com uma rajada de inseticida.

A fábula das pulgas aponta para a relatividade das "felicidades". Diferentes histórias de vida terminam com finais felizes e infelizes. Não há fórmulas para a felicidade.

O luxo pode ser fatal. As dificuldades podem ser propícias.

Os percursos de aprendizado também não são uniformes. As circunstâncias favoráveis ou desfavoráveis dependem, em parte, do modo como cada pessoa interpreta sua própria existência. Como você lê suas desventuras? E seus sucessos?

A vida é feita de alegrias e dores, serenidade e angústia, horas de prazer e horas de luto. E, quando termina, "todo mundo é igual", como na canção "A banca do distinto", do músico e compositor paraense Billy Blanco:

A vaidade é assim
Põe o bobo no alto

E retira a escada
Mas fica por perto
Esperando sentada
Mais cedo ou mais tarde
Ele acaba no chão
Mais alto o coqueiro
Maior é o tombo
Do coco afinal
Todo mundo é igual
Quando a vida termina
Com terra em cima
E na horizontal

Uma das mais concisas formulações sobre a felicidade possui três palavras latinas, *amare et amari*, que se tornam quatro na tradução: "amar e ser amado". Se esse é o segredo da felicidade, o final da fábula das pulgas talvez pudesse ser reescrito.

Em lugar de trocarem de cães, as pulgas convenceram os donos do cachorro de luxo a adotar o vira-lata. Depois, foram trabalhar juntas num famoso circo de pulgas do país. Em turnês pelo mundo afora, seus pulos acrobáticos e saltos mortais levaram multidões ao êxtase divino.

SUGESTÃO

Alcance sua felicidade, trabalhando pela felicidade das pessoas ao seu redor.

Mal

Um dos maiores enigmas da existência diz respeito à origem do mal, da maldade, da crueldade, da perversidade, e da correspondente angústia humana.

Certamente, podemos tentar nos afastar do incômodo que esse tipo de reflexão produz. É possível optar por uma posição fatalista, sem recorrer à metafísica ou à teologia. Bastaria admitir que as coisas são como são, e que a ética se resume em evitar todo tipo de dor, buscando ao mesmo tempo a alegria nossa de cada dia.

Essa atitude de indiferença espiritual e moral imediatista tem seus limites, e pode nos tornar coniventes com o próprio mal, cujas causas e consequências não queremos aprofundar.

Sim, teoricamente é possível nos mantermos isentos e distantes, mas o enigma do mal reaparece diante de nós, ao nosso redor (e dentro de nós!), nas situações mais variadas, fazendo sempre suas indesejáveis perguntas.

Ferimentos, mágoas, brutalidades que recebemos ou provocamos, por que não conseguimos evitá-los?

Doenças que surgem em nós e as que atingem pessoas que amamos, por quê?

Catástrofes naturais que matam milhares de pessoas... essas mortes serão sempre inevitáveis?

As injustiças, os inúmeros ataques à dignidade humana, tantos males e tragédias que se alastram, jogando multidões no desamparo, na miséria, em total incerteza, por que tanta maldade?

Em seu livro *Como lidar com o mal*, Anselm Grün reconhece com toda a honestidade que lhe é impossível decifrar o mistério do mal. Por isso, escolheu para o título do livro o verbo "lidar", que reúne significados interessantes. Lidar é saber administrar situações difíceis durante um longo tempo, é aprender a conviver com alguma coisa desagradável, e, de modo especial, é sustentar um combate moral contra algo que nos aflige e, mais cedo ou mais tarde, precisa ser vencido.

Do ponto de vista filosófico, a realidade do mal é considerada por muitos pensadores a mais forte razão para negar e desacreditar da existência de Deus: se Deus é Amor, como dizem tantos religiosos, que amor divino seria esse e que Deus seria esse, capaz de ficar indiferente às lágrimas de uma criança inocente?

"A IDEOLOGIA FORNECE A DESEJADA JUSTIFICATIVA PARA A MALDADE."

(Alexander Soljenítsin)

No entanto, como explica o biólogo Richard Dawkins, considerado um dos defensores mais radicais do ateísmo em nossa época, já não seria esse o maior obstáculo para acreditar em Deus, pois bastaria: (1) imaginar um deus da maldade (como na figura de satanás); (2) conceber um deus ocupado com tarefas mais urgentes do que o rotineiro sofrimento da criatura humana; (3) aceitar um deus que considere o sofrimento um preço justo a ser pago pelos erros que, dotada de livre arbítrio, a humanidade comete.

Entre os males não pequenos que atingem a sociedade, surge o mal da ignorância, do despreparado intelectual, e dos diferentes analfabetismos que diminuem nossa capacidade de detectar as manipulações que se armam contra nós.

Manipulações comerciais, políticas, ideológicas e até religiosas são manifestações da maldade humana contra o próprio ser humano.

Para identificar e desativar essas manipulações, é necessário observar bem, pensar bem, meditar bem, querer o bem e agir bem.

SUGESTÃO

Descarte motivos para cometer o mal, procurando motivos para realizar o bem.

Meditação

Valorizar o silêncio é crucial na prática da meditação.

Não se trata apenas de permanecer calado durante certo tempo, ou refugiar-se num espaço isolado e sereno, mas também de silenciar exterior e interiormente, tornando possível novas formas de compreender a si mesmo, o mundo e a divindade.

A arte de meditar está muito próxima da reflexão filosófica, com uma pequena (na verdade, grande) diferença: a meditação consiste numa reflexão transracional, na medida em que a razão, de modo algum negada, é conduzida para além de si mesma.

Não parece haver melhor forma de alcançar uma nova sabedoria e postura perante os males e desafios da vida.

Meditar implica leitura de textos sagrados, concentração da mente sobre ideias inspiradoras, exercício ponderado da imaginação, entrega interior confiante ao querer divino, e, eventualmente, repetição não mecânica, mas intencional e atenta, de uma sílaba, palavra ou frase, a fim de mergulhar no estado contemplativo.

A meditação leva ao aprofundamento em níveis de sentido da vida. Para além dos significados imediatos captados pela mente, para além das emoções à flor da pele, para além das recordações indesejáveis ou das expectativas ansiosas, quem medita almeja o equilíbrio e a felicidade que só uma consciência em paz pode proporcionar.

Afastando-se por algum tempo das urgências do dia a dia, a pessoa entra em contato com a transcendência. Renova-se. Torna-se, na metáfora utilizada por Maomé em seus ensinamentos, "uma árvore verde em meio a árvores ressequidas".

"MEDITAR NÃO É PENSAR MUITO, MAS AMAR MUITO."
(Teresa de Ávila)

Formas de meditação não necessariamente místicas nos ajudam a praticar o autoconhecimento e o autocontrole, fundamentais no campo da educação.

Mediante técnicas simples, bem orientadas, algumas iniciativas de meditação contribuem para a criação de um ambiente escolar menos estressante e mais tranquilo.

Sentar-se com a coluna ereta, fechar os olhos, dar atenção ao ritmo respiratório, ouvir uma música relaxante, pôr em foco o momento presente – tudo isso mantendo uma boa distância do telefone celular!

Em busca do encontro amoroso com o divino ou de uma estabilidade interior maior, a meditação nos educa a nos aceitarmos melhor e a convivermos melhor.

Quem pratica regularmente a meditação encara o passar do tempo com menos aflição, faz descobertas sobre si mesmo que contribuem para tomadas de decisão mais prudentes; aprende a interpretar a vida com outros olhos, tornando-se um gerador de compreensão mútua e solidariedade.

A meditação realizada com empenho, e, dentro do âmbito estritamente espiritual, com humildade e convicção, fomenta uma inclinação constante e espontânea para a contemplação. Nosso coração meditativo passa a ver com clareza em que vale a pena consagrarmos nossas melhores forças intelectuais e afetivas.

Vem à recordação, a propósito, uma cena evangélica que se tornou paradigmática sobre a meditação em geral, e sobre a meditação cristã em particular.

Maria (irmã de Marta e Lázaro) estava horas a fio ouvindo o mestre Jesus, absorvendo cada uma de suas palavras. Um tanto enciumada, talvez, Marta pediu a Jesus que dispensasse a irmã para que esta a ajudasse nos afazeres domésticos, mas a resposta que ele lhe deu foi surpreendente: "Marta, Marta, você está muito inquieta e se preocupa com uma quantidade excessiva de coisas. No entanto, uma só coisa é necessária. Maria escolheu a melhor parte, e essa não lhe será tirada".

SUGESTÃO

Encontre a melhor forma de praticar sua meditação diariamente.

Medo

Realidades que transcendem nossa razão causam em nós fascínio e temor. Nós nos sentimos atraídos pelo mistério, e o mistério ao mesmo tempo nos infunde o medo sagrado, que na tradição judaico-cristã é reconhecido como o temor bíblico, um dos dons do Espírito Santo, algo próprio de uma espiritualidade saudável.

Seria estranho não experimentar esse medo profundo diante do transcendental, medo que deve fomentar em nós a reverência, a veneração, sentimentos totalmente diferentes do terror descontrolado para o qual os antigos gregos forjaram uma palavra específica: *deisidaimonia*.

O terror ao poder divino é incompatível com a dignidade humana, e configura um desvio do sentimento religioso.

A palavra "superstição" é vista como possível tradução para aquela noção grega. Expressaria a ideia de uma religiosidade insensata, carregada de escrúpulos, reduzida a ritos mágicos, à prática da adivinhação, ao recurso de amuletos, envolvida pelo receio constante de aparições do além, de possessões malignas, e obcecada pela iminência dos castigos divinos.

O medo sagrado nada tem a ver com o "pavor dos deuses".

O pavor paralisa a mente, mas o medo sagrado não impede o uso da razão.

"NÃO TENHO MEDO DE DEUS, MAS SIM DOS DEUSES CRUÉIS QUE EU CRIEI."
(Ricardo Gondim)

É fundamental que o cultivo da espiritualidade e a educação caminhem juntos, para que construamos uma vida o mais possível equilibrada e madura.

Assim, o espírito de pesquisa, o rigor científico e a arte de pensar protegem a religiosidade das obsessões da crendice, e, por outro lado, graças a uma confiante abertura ao transcendente, ampliamos os limites dos saberes humanos.

Não devemos temer o encontro entre espiritualidade e formação humana. O medo, nesse sentido, também "é péssimo conselheiro, péssima companhia e péssimo refúgio", como escreveu o pastor Hernandes Dias Lopes.

E é também péssimo professor.

O que aprendemos com o medo ou através do medo? Em geral, aprendemos a ter mais medo, ou a também usar o medo como instrumento de dominação contra alguém.

Em sua canção "Miedo", o compositor e intérprete Lenine faz profunda investigação estética dessa emoção que, conforme escreveu o professor português Armindo

Freitas-Magalhães, está para além do nosso estado de consciência e, paradoxalmente, afeta de modo radical nossas reações, nosso comportamento.

Temos medo de amar e de não saber amar, medo da sombra e da luz, medo da noite e do dia, medo da multidão e da solidão, medo de ficar e de partir, medo de correr e de cair, medo de rir e de chorar, medo de exigir e de abandonar.

O medo, ensina Lenine, é dominador, é "a medida de indecisão", é armadilha que prendeu o amor em suas garras. Precisamos, por isso, ter medo desse medo. Ter medo do que nos causa tanto medo, e, em última análise, tomando consciência dele, vencê-lo.

Em lugar do medo dos deuses, convém suscitar um sentimento de piedade filial, de religiosidade autêntica, que corresponde a outra palavra grega, *eusebeia*, ligada a tudo aquilo que promove um bom relacionamento com o reino divino.

Num bom relacionamento, também com aquelas pessoas que merecem nosso respeito e admiração, o único temor aceitável é o de não saber amá-las.

SUGESTÃO

> Expulse do seu coração os deuses do medo.

Milagre

É repetir um lugar-comum falar no "milagre da vida".

Mas não seria, de fato, o milagre da vida algo comum? Não seria mesmo a vida o maior e mais frequente dos milagres, como nos faz considerar a etimologia da palavra?

No português arcaico, o termo *miragre* ainda estava muito próximo do latim *miraculum*, cujo significado é "objeto de admiração". Nesse sentido, tudo o que é visível é também admirável, e tudo o que é admirável é milagroso.

Observemos a realidade como se estivéssemos abrindo os olhos pela primeira vez.

Não poderíamos pensar, com sincera surpresa, que tudo na vida é digno de admiração e que a melhor resposta a tudo seria nos ajoelharmos com gratidão diante da espantosa beleza da realidade?

Artistas, filósofos e místicos sentem-se atraídos por essa ideia.

O poeta Ademir Assunção disse, numa entrevista: "Tudo é milagre. Não precisa curar leprosos. Não preciso de milagres desse tipo. A cor amarela, para mim, é um milagre. A percepção é um grande milagre. Poder ouvir um sol, mi bemol, é um milagre. O azul, as experiências biológicas, o gosto da batata frita, são milagres".

Há dois séculos, Voltaire fez raciocínio semelhante: se olharmos ao nosso redor e não soubermos dizer qual a causa de determinados efeitos, do nascimento de cada animal, da produção de cada vegetal, ou de fenômenos simples como o dos materiais que produzem campo magnético, então será possível afirmar que *"tout est miracle"*.

Tal afirmação e tal convicção, no entanto, estão vinculadas a uma certa imagem divina: um Deus que se confunde com todos os processos da realidade e, no limite, pode ser chamado de Natureza ou de Universo.

O problema decorrente é que o mundo natural repleto de milagres, e ele próprio visto como um grande milagre, esvazia a noção de milagre e da própria ideia de que algo seria sobrenatural.

O milagre torna-se algo rotineiro, natural. E a rotina tende a retirar das coisas qualquer traço de fascínio e maravilhamento.

"DESDE ENTÃO FAÇO MILAGRES."

(Adélia Prado)

Um dos maiores pensadores cristãos do século passado, C. S. Lewis escreveu sobre o tema, adotando uma linha de argumentação original.

Em seu *Milagres*, Lewis dialoga com a descrença, explicando que milagres não só ocorrem, mas também ocorrem de acordo com uma lógica convergente com nosso sentido de justeza (tradução para o termo *fitness*, como está no texto original do autor).

Além de escritor, Lewis era professor experiente. Exercendo a arte de ensinar, sabia que os alunos (e os leitores) gostavam de ser valorizados em sua inteligência e em suas exigências de sentido.

Lewis valoriza parte da mentalidade moderna, ao respeitar a dificuldade que esta demonstra em acreditar em milagres. Por outro lado, sabe apresentar (com racionalidade, cultura, imaginação e fé), um panorama em que o milagre, sendo obra de um Deus que criou a natureza (e dela se distingue), não trabalha contra essa mesma natureza.

O milagre não quebra as regras da natureza, como talvez já tenhamos ouvido ou lido várias vezes. Cada milagre faz a natureza e o próprio ser humano alcançarem suas mais legítimas aspirações.

Ainda que sejam raros (mas não impossíveis nem improváveis), os milagres antecipam a plenitude espiritual com que a humanidade continua sonhando.

SUGESTÃO

> Você tem consciência de ter ocorrido algum milagre em sua vida? Não deixe que ele caia no esquecimento.

Mistério

O significado mais simples de mistério confunde-se com a noção de "coisa secreta", à qual poucas pessoas têm acesso.

Já para alguns filósofos, o mistério é simplesmente o inexplicável, e ponto final. A pesquisadora Rita Torreão escreveu, por exemplo, que, "de Kant à nova neurologia, é inexplicável a transformação de impulsos elétricos em conceitos".

Para os poetas, inexplicável é uma categoria própria, que não causa grandes tormentos, uma vez que a poesia se alimenta da inexplicabilidade dos sentimentos e da própria vida. E é por isso que Carlos Drummond de Andrade, no poema "O boi", constatou: "a cidade é inexplicável e as casas não têm sentido algum".

Para fiéis de diferentes religiões, os mistérios em que devem crer não podem ser totalmente compreendidos. Há uma penumbra entre o objeto e o sujeito da crença, e isso só reafirma a transcendência em relação à contingência. Diante do mistério, fechar os olhos para adorar é atitude condizente e exprime profunda reverência.

"CHOCAR-SE CONTRA O MISTÉRIO É A ÚNICA MANEIRA DE DESCOBRI-LO."

(Simone de Beauvoir)

Há uma diferença clássica entre problema e mistério. Os problemas, mais cedo ou mais tarde, resolvem-se. É o que se espera. Problemas são contratempos que nos ocupam e preocupam. São dificuldades mais ou menos complexas que desafiam a nossa inteligência.

O aprendizado mediante a resolução de problemas constitui uma boa estratégia didática, ativando a mente dos alunos e despertando sua iniciativa.

No caso do mistério, a ideia não é "solucioná-lo", pois não se trata de algo que possamos abarcar com a razão, equacionar com facilidade, delimitar, dissolver.

Se fosse possível deslindar o mistério, rasgar todos os véus que nos separam do invisível e do indizível, o mistério deixaria de ser mistério. Não é de todo insondável, porém.

O mistério é aspecto primordial da realidade como um todo. Ao depararmos com ele, descobrimos uma característica importantíssima do nosso próprio espírito, que é estarmos abertos ao incompreensível como tal.

"É ótimo não entender" – brincava (a sério) um palestrante. – "Porque aquilo que entendemos facilmente (leituras de mero entretenimento, clichês, certos programas de TV etc.) nada acrescentam, nada exigem, não nos educam".

Deparar com o mistério (indo ao seu encontro ou indo de encontro a ele) causa sempre algum tipo de choque, disrupção, rompimento, mas também novos conhecimentos.

Podemos distinguir três dimensões do mistério.

Há os mistérios naturais, que percebemos ao nosso redor e dentro de nós, como o nosso próprio corpo, o comportamento dos animais, as propriedades dos vegetais, a estrutura do cosmos – ainda precisamos aprender muito, e a ciência está aí para isso.

Os chamados mistérios revelados, que se comunicam verbalmente ou por meio de escrituras. Eles dizem respeito à nossa salvação como seres frágeis, necessitados de ajuda e inspiração divina. Nossa curiosidade espiritual sabe que a revelação é inesgotável, o que aguça ainda mais nossa curiosidade.

Por fim, vislumbramos os mistérios eternos, que se referem à intimidade de Deus. No cristianismo, participar da vida intratrinitária significa relacionar-se com o Pai, o Filho e o Espírito Santo (Santíssima Trindade) num grau de felicidade que nenhum olho viu e nenhum ouvido ouviu, até que se faça a integração pessoal com o mistério máximo.

SUGESTÃO

Tenha coragem de, a cada dia, não entender alguma coisa.

Mitos

A postura ereta, o pensamento e a fala são três sinais visíveis da espiritualidade humana, que emerge da nossa condição animal.

Somos animais... espirituais.

Somos animais, porém desejamos ser deuses, ou, ao menos, pretendemos conversar com eles quase de igual para igual, em busca de respostas para aquelas mesmas perguntas que sempre retornam: "quem somos nós?", "qual a nossa origem?", "para onde iremos após a morte?".

O ser humano já inventou, e continua inventando e contando para si mesmo inúmeras histórias, mirabolantes histórias, que, de algum modo, desenham cenários explicativos sobre sua gênese, sua identidade e seu destino.

Conforme define André Comte-Sponville, no seu *Dicionário filosófico*, mito trata-se de "uma fábula que é levada a sério". A frase, com uma concisão talvez irônica, expressa um fato antropológico: os mitos, que se multiplicam de maneira prodigiosa, podem ser banalizados, esquecidos, reduzidos a nada. Ainda assim, representam tudo para aqueles que encontram em tais "fábulas" (que à primeira vista parecem invencionices) uma força explicativa da realidade.

Os mitos, disse o historiador cultural Robert Darnton, são capazes de mover montanhas. A analogia com o poder miraculoso da fé indica o papel fundamental dos mitos na autocompreensão da humanidade dentro de um cosmos repleto de incógnitas.

"O MITO É O NADA
QUE É TUDO."

(Fernando Pessoa)

Folhear as 600 páginas de uma obra de referência contemporânea como a *Enciclopédia das antigas divindades* (publicada no ano 2000), ou as quase 800 páginas do monumental e ainda útil *Dicionário de mitologia antiga e moderna*, publicado em 1855 pelo padre francês Jacques-Paul Migne, ajuda a dimensionar (um pouco) o riquíssimo legado que nos deixaram as culturas humanas até hoje conhecidas.

Uma espécie de sombra, porém, acompanhou a palavra "mito" durante muito tempo. Talvez ainda hoje, na esteira do positivismo semimorto do século XIX, haja pensadores que considerem o mito como forma inferior de pensar.

Para afastar essa sombra, basta conhecer melhor os estudos que se desenvolveram ao longo do século XX e conquistaram para o mito um lugar de plena validade, ao lado do conhecimento científico.

Os mitos concretizam em narrativas de grande vivacidade a percepção do sagrado e do transcendente. Mais ainda, atuavam e atuam como estimuladores e iluminadores da inteligência. O mito, define Paul Ricoeur, "é uma interpretação que requer uma reinterpretação".

É necessário, portanto, aproximar-se das narrativas míticas como quem irá fazer uma leitura das entrelinhas, e não como alguém que buscasse passivamente informações históricas ou verdades abstratas.

Neste breve mito africano, aborda-se como surgiu a morte no mundo:

Um caçador chamado Kassongo visitou sem autorização a aldeia do deus Mauesse, durante o período de seca. Como castigo, o filho de Kassongo morreu, algo que espantou a todos, pois naquele tempo os seres humanos viviam para sempre. Kassongo voltou à aldeia proibida para tentar compreender o que tinha acontecido e foi aconselhado a regressar para casa, colocar o filho morto sobre uma esteira e chorar. Kassongo obedeceu e todo o povo pôs-se a entoar cantos de dor ao redor do cadáver. E Mauesse sentenciou: "É preciso que os seres humanos aprendam a morrer".

SUGESTÃO

Peça aos amigos que contem a você alguma narrativa mítica interessante.

Morte

A morte, adiável mas inevitável, produz em nós um misto de horror e fascínio.

Adiá-la ao máximo pode supor maior quantidade de sofrimentos, perspectiva infeliz que fazia Sêneca, um dos maiores pensadores estoicos, louvar a morte precoce.

Ao ouvir dos juízes atenienses sua já esperada sentença de morte, Sócrates lhes respondeu com a ironia de sempre: "Não se preocupem. Vocês também estão condenados à morte!".

No judaísmo primitivo, viver durante muitos anos significava uma bênção divina. Mais tarde, porém, compreendeu-se que o destino dos mortos continha esperança de libertação e de vida abundante.

Jesus Cristo, rebatendo o pensamento dos saduceus, descrentes da imortalidade e da ressurreição, argumentou que o Deus de Abraão, o Deus de Isaac e o Deus de Jacó não são um deus dos mortos, mas dos vivos, uma vez que eles continuam vinculados espiritualmente ao Ser Eterno que os chamou pelo próprio nome para um relacionamento pessoal, marcado pela promessa de dias melhores.

Os inúmeros eufemismos que empregamos para burlar a "indesejada" reforçam o nosso propósito de evitar a "viagem sem volta", de não "bater as botas" tão cedo, de simplesmente não "partir" hoje.

Diversos caminhos religiosos, em sentido contrário, recomendam que se medite intencionalmente sobre o fim da vida terrena, e sobre as promessas de uma existência para além do túmulo. Em antigas ordens religiosas, os monges se cumprimentavam com uma saudação em latim: "*memento moris*". Isto é, "lembra-te de que és mortal".

Se a condição humana é mortal por definição (pois, de um modo ou de outro, todos estamos às portas da morte), a imortalidade e a ressureição encontram-se inscritas no desejo humano, profundamente entranhado em nossa condição.

"A PÁLIDA MORTE BATE IGUALMENTE À PORTA DA MANSARDA POBRE E DO PALÁCIO REAL."

(Horácio)

A morte, que nos iguala a todos, recebe variados entendimentos, dependendo da crença que a pessoa adote, sem que devamos esquecer as abordagens não religiosas.

Seja como for, no entanto, é fundamental constatar, para além dessas diversas concepções em torno da morte e do que virá *post mortem*, que a morte ela mesma, quando refletimos e meditamos a seu respeito, desperta em nós a vontade de sentido.

Por mais que acreditemos na continuidade da vida em outros planos (materiais ou não) do universo, ou no retorno da alma sob outros modos de viver neste mesmo planeta, ou em qualquer que seja a relativização do nosso fim, há, em toda biografia, uma data para o nascimento e uma data para a morte.

Em outras palavras, os rompimentos que a morte acarreta nos obrigam a colocar diante dos olhos, desde agora, o nosso trajeto existencial com começo, meio e... iminente fim. Tal consciência suscita perguntas sobre o sentido de viver aqui e agora: "Quais os meus atuais projetos?", "Tenho feito tudo o que devo fazer?", "Tenho consciência de tudo o que ainda posso aprender?".

A filosofia e a pedagogia clássicas insistiam na importância de aprender a morrer, mas essa é apenas parte da história e de cada biografia. Uma educação integral deverá enfatizar o valor do momento presente: *memento vives*, deveríamos dizer uns outros.

Recordemos o fato (e o dom) de estarmos vivos, e de que há muitas razões para viver.

SUGESTÃO

Pense nas várias pessoas que você poderá conhecer, nos vários livros que poderá ler e nos vários lugares que poderá visitar.

Paz

A exemplo de todos os valores complexos, a paz não tem um único significado ou um sentido exclusivo. Nem é de fácil realização.

Como valor universal, será sempre almejada por toda a humanidade, e, paradoxalmente, a falta de paz é patente onde quer que existam humanos!

As disputas pelo poder, a ânsia pelo lucro acima de tudo (e atropelando a todos), a vontade de prazer que justifica manipular e dominar os demais, e tantas ideias e atitudes nocivas (para não dizer criminosas), que fomentam o ódio e a discriminação, tais como o racismo, a xenofobia, a homofobia, enfim, todas essas causas aparentemente insanáveis são os elementos de um mundo sem paz.

Em diferentes ambientes (incluindo o "doce lar", os ambientes escolares e acadêmicos mais "democráticos", e mesmo os espaços religiosos mais "piedosos"), surge e ressurge o desacordo, que pode crescer em agressividade, tornar-se briga de foice e, em perigosa evolução, nos lançar em "estado de guerra" permanente.

Contudo, o paradoxo afirma-se outra vez: mesmo os mais belicosos e intransigentes anseiam viver numa família, numa escola, numa cidade, num país em paz, num planeta em paz...

Educar para a paz, portanto, é irrenunciável.

Em seu livro *O problema da guerra e as vias da paz*, o pensador italiano Norberto Bobbio tomou o cuidado de delimitar dois campos semânticos para a paz.

Temos o campo da paz externa, das relações que a justiça regula e que é analisável do ponto de vista do direito, da sociologia, da política, da diplomacia etc.; e temos o campo da paz interna, da "paz consigo mesmo", que nos reporta à ética, à psicologia, à filosofia e à teologia.

São dois campos distintos, mas entrelaçados.

A reflexão sobre a paz externa, envolvendo o tema das guerras, conflitos e outras ameaças à existência, leva, mais cedo ou mais tarde, ao conceito de paz como dom escatológico – paz definitiva que, nascendo do interior dos corações, muito mais do que apenas trégua, em termos humanos, seja fruto de uma revolução espiritual.

"NÃO EXISTE UM CAMINHO PARA A PAZ. A PAZ É O CAMINHO."
(Mahatma Gandhi)

A oração pela paz, atribuída a São Francisco de Assis mas apreciada não só pelos católicos, pede a Deus que sejamos "instrumentos de vossa paz". Paz em sentido pleno, vontade humana em convergência com a vontade divina, transbordando para o cosmos.

Tal convergência e tal transbordamento exigem um esforço de unificação.

Há uma luta pessoal pela paz, que passa pelo enfrentamento interior de tendências que todos carregamos (tenhamos maior ou menor consciência disso): egoísmo, arrogância, vaidade, inveja, avareza, crueldade etc.

E há uma luta social em prol da convivência, apesar de tantos muros e obstáculos. Lutar contra o isolamento é luta positiva. Não é "luta contra", mas "luta a favor de".

O teólogo holandês Henri Nouwen, numa bela e sofrida reflexão sobre a paz (e sobre as armas para a construção da paz: oração e encontro interpessoal), reconhecia que "a maior tragédia de nossa época é nosso isolamento".

Esse isolamento será vencido, se instaurarmos em nós e ao nosso redor a riqueza contida na palavra hebraica *shalom*. Traduzi-la por "paz" seria insuficiente. Abençoando e produzindo esperança, *shalom* é desejar aos outros todo o bem e toda a graça.

SUGESTÃO

> Promova a paz interior, principal arma dos pacifistas.

Religiões

Religião é assunto sobre o qual vale a pena conversar, e conversar com qualidade de conceitos e argumentação. Aliás, não há questões proibidas quando se trata de formação docente.

Para conversar sobre religião, no entanto, é importante fazê-lo com... religiosidade.

Isso implica, inicialmente, aplicar a regra de ouro da ética às nossas conversas ou discussões sobre o tema: "respeite a religião dos outros, da mesma forma como você gosta que respeitem a sua".

Outra premissa, que promove uma atitude positiva em torno da questão, é constatar que o fenômeno religioso constitui aspecto fundamental da complexa condição humana.

Além de *homo somaticus* (somos corpo), *homo sapiens* (pensamos, filosofamos), *homo volens* (queremos, amamos), *homo loquens* (falamos, escrevemos), *homo politicus* (convivemos, lidamos com o poder), *homo faber* (projetamos, construímos), *homo laborans* (produzimos, trabalhamos), *homo oeconomicus* (realizamos trocas comerciais), *homo culturalis* (criamos cultura), *homo quaerens* (viajamos, pesquisamos), *homo ludens* (brincamos, poetizamos), somos também *homo religiosus* – nós cremos em realidades sobrenaturais, nós rezamos, nós fazemos teologia.

"RELIGIÃO É A LIGAÇÃO MISTERIOSA DO HOMEM COM ALGO MAIOR DO QUE ELE, QUE ELE NÃO CONTROLA MAS QUE A ELE SE MANIFESTA."
(Maria Clara Bingemer)

Quando, numa entrevista (Revista *Pesquisa Fapesp*, dez. 2002), perguntou-se ao pensador marxista Leandro Konder se ele era "um socialista ateu", sua resposta foi na direção do reconhecimento dos fatos:

Eu acho que sim. O papel da religião precisa ser repensado, a tradição marxista está envelhecida e precisa ser revista. A religião e a consciência religiosa são mais ricas do que Marx podia conhecer. Ele não presenciou certas formas de consciência religiosa que não eram típicas de seu tempo. Essa minha revisão e reavaliação positiva do papel da consciência religiosa não significa o abandono da minha descrença básica de ateu. Recentemente, tive um encontro com protestantes luteranos e foi uma conversa tão boa que no fim eles me perguntaram: você acredita em Deus? Sentindo o que havia por trás dessa preocupação deles, com quem havia tido concordâncias políticas importantes, respondi: não acredito em Deus, mas tenho boas relações com ele.

Um terceiro pressuposto para boas conversas sobre religiosidade e religiões é evitar as generalizações, tanto as elogiosas quanto as depreciativas.

Vejamos, por exemplo, o que dizia o jornalista britânico Christopher Hitchens em seu livro *Deus não é grande: como a religião envenena tudo*. Escreve ele que "toda religião é inventada por mamíferos comuns e não possui nenhum segredo ou mistério". Em outro ponto, afirma que em quase todas as religiões, do budismo ao islã, pratica-se o populismo, seduzindo-se os pobres, os desorientados e incultos, que são a maioria em qualquer população.

Como consta do subtítulo do livro, sua tese é a de que a religião em geral é responsável por guerras, corrupções, atentados à liberdade, e tantos outros males.

Apresentada desse modo, mesmo a parte defensável de verdade dessa tese acaba envenenando, afinal, toda a possibilidade de discernimento sobre a presença positiva (mas nada pacífica, certamente) das religiões na história humana.

Não condiz com a realidade dizer que todas as religiões sejam a corrupção do sentimento religioso, mas seria igualmente equivocado sustentar que todas as religiões são puras, e que todos os líderes religiosos são santos.

SUGESTÃO

Pesquise e analise as diferentes influências religiosas que você recebeu.

Sagrado

A linguagem religiosa impregna discursos não religiosos, revelando inesperados "territórios" sagrados.

A própria palavra "religião" pode aparecer em frases sobre realidades "mundanas" como: "o positivismo era a religião dos primeiros republicanos brasileiros", ou: "aquele pesquisador fez da ciência sua religião".

Também reencontramos o termo "sagrado" no falar comum, indicando compromisso ("o tempo reservado para a minha família é sagrado"); como percepção de um valor ("certas canções do passado são sagradas para mim", confidenciou um músico); ou em equiparação ao tradicionalmente sagrado: o pastor Mark Batterson conta em seus livros que, ao lado da Bíblia, nada há para ele de mais sagrado do que um diário, no qual anota sonhos, ideias e orações pessoais. Um de seus rituais é reler esse diário anualmente.

"O SER HUMANO É SAGRADO PARA O SER HUMANO."

(Sêneca)

Na obra teatral *Missa para Clarice: um espetáculo sobre o Homem e seu Deus*, o diretor e ator carioca Eduardo Wotzik traz à tona uma experiência do sagrado literário, com textos da escritora Clarice Lispector, provocando reflexões e suscitando no público experiências de iluminação e comunhão.

Nessa liturgia teatral, o ator "sacerdote" lembra que "tudo no mundo começou com um sim" e que, perante o mistério da vida, "não entender é tão vasto que ultrapassa qualquer entender". Seus gestos insinuam que ali está sendo celebrado um sacramento, em nome de uma escritora "canonizada".

A plateia recebe um folheto para participar da "cerimônia". Ouve com unção as músicas de fundo, contempla o cenário, eleva seus corações ao alto. Os elementos teatrais induzem o público a se sentir dentro de uma espécie de templo, a se deixar envolver esteticamente por um clima de oração e piedade.

O trocadilho segredo/sagrado, que aparece na belíssima canção de Djavan "Meu bem-querer", expressa, de fato, o que há de irredutível no sagrado.

Esse "algo" essencial ao sagrado jamais será totalmente decifrado. Se isso porventura viesse a acontecer, se houvesse alguma possibilidade de esse desvelamento absoluto ocorrer, o sagrado deixaria de existir, seria profanado.

Precisamos proteger o sagrado, pois é ele que nos protege. Proteger o sagrado do que em nós é agressividade, desprezo e desconsideração pelo próprio sagrado.

Por isso, o silêncio e determinados gestos (sem esquecer as danças rituais) condizem com o recinto sagrado, com a leitura sagrada, com os símbolos sagrados.

Pensar na educação como direito sagrado é defendê-la de modo integral, na medida em que também "cada ser humano é sagrado", conforme disse a poeta Cecília Meireles certa vez, numa entrevista ao jornalista, dramaturgo e médico Pedro Bloch.

Para os participantes da Conferência Mundial das Religiões pela Paz, realizada pela primeira vez em 1970, um dos pontos fundamentais para a convivência pacífica entre os povos e as religiões consiste em que "cada ser humano é sagrado e intocável".

Não violar o segredo do sagrado consiste em respeitá-lo incondicionalmente, o que se traduz em atitudes que vão da admiração à adoração, passando pela reverência, pela glorificação, pela devoção, direcionadas ao que realmente importa.

Respeitar profundamente a educação, os alunos, os professores, os livros, a escola são modos concretos de reconhecer e viver a sacralidade do ser humano.

SUGESTÃO

Trate com profundo respeito e responsabilidade o que você considera sagrado em sua vida.

Salvação

Para o *homo religiosus*, tudo na vida é suscetível de ser santificado, e tudo pode ser caminho de salvação... ou de perdição.

Na mentalidade religiosa, a alimentação (oração para agradecer pela refeição), a natureza (lugar de encontro com forças sobrenaturais) o trabalho (oferecido aos deuses), a sexualidade (participação no poder criador divino), a arte (formas de comunicação com o sublime), a morte (passagem para a eternidade): tudo pode adquirir conotação transcendental.

Em nossos tempos, em sentido contrário, detectamos forte processo de dessacralização de muito daquilo que já foi objeto de reverência e fé.

Podemos falar em dessacralização ou de deslocamento e substituição do sagrado, o que significa que a busca de salvação será empreendida em outros "lugares" e com outras expectativas.

Salvação, espiritualmente falando, implica ter acesso a um modo de ser sobre-humano e/ou divino que se expressa na libertação dos medos, desilusões, limitações e equívocos, impedidores da felicidade e da paz, tanto agora quanto no futuro.

Mais ainda: essa salvação torna-se plena, prolonga-se para além da morte, constituindo-se, no momento presente, em uma contínua fonte de esperança, e em razão suficiente para não se escravizar a nada e a ninguém.

Já a outra salvação, a salvação intramundana, recebe nomes diferentes. Será "sucesso", ou "poder", ou "autorrealização", ou "protagonismo", e são estes, em geral, os grandes objetivos dos livros, palestras e cursos de autoajuda, bem como de projetos pedagógicos cujos pressupostos são quase absoluta "veneração" ao mercado e crença irrefutável de que a felicidade possível está alicerçada no triunfo social e em suas leis.

Se as promessas religiosas nos fazem sonhar com a bem-aventurança num plano superior, o que exige em consequência abnegação e confiança na proteção celeste, a salvação e o êxito terrenos, por outro lado, requerem esforço diário para atravessarmos por "portas estreitas" que não são exatamente as que os mestres religiosos propõem.

Salvar-se espiritualmente é fazer a passagem das trevas para a iluminação, da escravidão para a liberdade, do pecado para a santidade, da ignorância para a sabedoria, da morte para a vida.

Tal passagem pressupõe uma abertura, que é o próprio espírito.

"A SALVAÇÃO É INFINITAMENTE MAIS DO QUE UMA SIMPLES DOUTRINA."

(Bernard Sesboüé)

Entendida como passagem de uma situação de insegurança para uma situação de redenção, de um estado de inutilidade e falta de frutos (frutos de rendimento humano, ou moral, ou espiritual) para um estado de fecundidade e felicidade, a salvação não será obtida, como deixa entender o jesuíta francês Bernard Sesboüé, por meio de um aval puro e simples a esta ou aquela doutrina.

As diferentes linhas da soteriologia (ciência que estuda o conceito e os caminhos de realização da salvação humana) deparam com variadas expectativas salvíficas.

A depender da religião adotada, ou do modo como os membros de uma religião a interpretam, a salvação (que, no entanto, todos anseiam) guarda uma relação necessária com a vontade do céu (os projetos da força divina, ou do amor divino) e com a vontade da terra (a capacidade de amar, a aquisição de virtudes e a prática das boas obras).

Admitindo-se que a divindade queira salvar a humanidade, outra questão se impõe: a humanidade, porém, quer salvar-se?

SUGESTÃO

Defina sua maneira de conceber a salvação e atue em coerência com esse projeto salvífico.

Símbolos

Simbólico é aquilo que une e articula.

Diabólico é aquilo que agride e divide.

Bons dicionários de símbolos revelam a riqueza da imaginação humana aliada a intuições e percepções que nascem da contemplação perante o visível e o invisível, o sensível e o inteligível, o tangível e o intangível.

As pulsões humanas de agressão e autodestruição, em termos freudianos, capazes de inviabilizar o progresso de uma civilização, tornam-se questão ética e espiritual do ponto de vista teológico. Assim, aquelas pulsões poderão ser vistas como "diabólicas", na medida em que destroem a cultura do encontro e terminam por aniquilar a nós mesmos e inviabilizar nosso destino, que é o de ser "um só corpo e um só espírito".

Quem se deixa possuir e conduzir pelo ódio, inveja, mentira, avareza, arrogância, e por outros tantos "demônios", perde (ou melhor, recusa) a oportunidade de viver em comunhão, simbolizada, por exemplo, pela cor laranja (como explica a psicóloga e pedagoga Hélène Hoerni-Jung), que é a interpenetração de duas outras cores: o vermelho (a matéria, o sangue vivo, o mundo) e o amarelo (a luz, a amplitude, o céu).

"TODO SÍMBOLO É 'VIVO' E, PORTANTO, POLISSIGNIFICATIVO."
(Emerli Schlögl)

O caráter enigmático e polissêmico do símbolo nos convida a interpretar o mundo com uma generosidade que ultrapassa o calculismo racional.

Estudar com mais frequência o universo da simbologia desperta nossa curiosidade, atributo essencial da condição humana e instrumento fundamental para aprender a aprender, e aprender a ensinar.

Vejamos o exemplo inspirador de um símbolo, cujas diversas facetas mostram como o ser humano é, segundo o filósofo alemão Ernst Cassirer, um "animal simbólico".

Trata-se do maneta (daquele que perdeu um braço ou uma das mãos). O maneta simboliza a autoridade baseada na sabedoria, na dignidade e na justiça.

Figura importante da mitologia nórdica, Tyr, o deus da guerra, da luz e dos juramentos, é um deus maneta. Para que os outros deuses se salvassem, aceitou pôr sua mão direita entre os dentes do monstruoso lobo Fenrir. Perdeu-a, mas por isso mesmo adquiriu a soberania jurídica e grande respeitabilidade.

O maneta foi chamado a viver num nível superior, por ter se entregado corajosamente a uma tarefa que lhe imporá sacrifícios. Na mitologia do cinema contemporâneo, numa das cenas mais decisivas do início da série Guerra nas estrelas, Luke Skywalker tem a mão direita decepada na luta contra Darth Vader. Essa perda faz parte de sua evolução como mestre *Jedi*. Mais tarde, ele próprio cortará a mão do seu pai, e este também terminará por evoluir, recuperando a heroicidade em busca da redenção.

Crucificado injustamente, Jesus tem suas mãos atravessadas por pregos. Ao reencontrar Tomé (o discípulo que questiona, o aluno que duvida), pede-lhe que ponha o dedo nas cicatrizes de suas mãos, o que dá ao apóstolo cético a certeza da ressurreição: o homem à sua frente não é uma visão fantasmagórica, e sim o próprio Deus.

Não só o estigma da mão mutilada, mas a própria mão é símbolo com múltiplos sentidos. É ativa ao segurar, firme ao jurar (a mão sobre a Bíblia), é doadora ao abençoar, lutadora e trabalhadora, carinhosa, terna, solidária, e está igualmente associada ao ato de ensinar (ou de não ensinar).

Para o budismo, a mão fechada simboliza a dissimulação, a mesquinhez, a não entrega do saber. Por isso a mão de Buda nunca está fechada, como também não devem fechar-se as mãos dos professores.

SUGESTÃO

Observe os símbolos que estão mais próximos de você.

Sincretismo

No verbete "sincretismo" do seu *Dicionário filosófico*, André Comte-Sponville lembra que Jean Piaget e Henri Wallon utilizaram esse termo para designar a percepção infantil da realidade. A criança pequena tende a olhar para tudo de modo global e confuso. Só aos poucos vai adquirindo a capacidade de distinguir e classificar.

Esse uso da palavra, no campo da psicologia educacional dos séculos XIX e XX, estudando nossos processos cognitivos, pode ser útil para entender o sincretismo propriamente filosófico e religioso. Antes, porém, voltemos um pouco mais no tempo.

A informação etimológica remete à união de grupos diferentes em nome de objetivos militares comuns. No grego, a palavra *synkretismós* foi utilizada primeiramente para indicar a coligação de diferentes comunidades cretenses contra a invasão dos dóricos, no século XII a.C.

A partir do jargão bélico, houve dois saltos importantes. Um para o âmbito religioso (século XVII): união de diversos cultos e doutrinas religiosas. E outro para o âmbito filosófico (século XVIII): tentativa de síntese de várias correntes filosóficas.

É importante registrar que a palavra empregada em termos militares dependia de um inimigo comum. Mesmo constantemente em conflito, os grupos que habitavam a ilha de Creta colocaram em segundo lugar as suas divergências, pois precisavam aliar-se e defender-se dos guerreiros dóricos. Já a união nos terrenos da filosofia ou da religião tem como alvo, apesar das incompatibilidades das doutrinas entre si, não um inimigo, mas a busca do conhecimento da verdade.

**"REZO CRISTÃO, CATÓLICO,
EMBRENHO A CERTO;
E ACEITO AS PRECES DE
COMPADRE MEU QUELEMÉM,
DOUTRINA DELE, DE CARDÉQUE."**
(Guimarães Rosa)

Há o sincretismo como esforço teórico, intelectual, de compatibilização de conceitos heterogêneos (sem esmaecer essa heterogeneidade), na busca da compreensão do que vê, do que pensa e do que diz a "religiosidade dos outros".

Nesse contexto, é imprescindível mencionar, entre os pensadores de nosso tempo, o padre Raimon Panikkar (falecido em 2010). Filho de pai indiano e hindu, e de mãe espanhola e católica, Panikkar tornou-se defensor e praticante do diálogo cristão-hindu-budista. Suas pesquisas o notabilizaram como autêntico filósofo sincretista.

Voltando à ideia do sincretismo como visão "global e confusa", analisemos brevissimamente o sincretismo religioso.

Se encararmos as religiões todas de modo abrangente, e "confundente", podemos vivenciar na prática (e até certo ponto admitir no nível das ideias), uma espiritualidade difusa, difícil de caracterizar, cujo desejo maior seria realizar uma combinação de valores, concepções e cultos provenientes das mais diversas tradições religiosas.

O risco (que não é visto como tal para algumas pessoas) seria obter apenas uma mistura de componentes religiosos de diversas procedências, considerando como elementos intercambiáveis os deuses, as orações, os cultos, os símbolos, as narrativas sagradas etc.

Tudo viria do céu e tudo, portanto, seria válido e eficaz, como parece pensar Riobaldo, o personagem de Guimarães Rosa em *Grande sertão: veredas* –

> *Eu cá, não perco ocasião de religião. Aproveito de todas. Bebo água de todo rio... Uma só para mim é pouca, talvez não me chegue. Rezo cristão, católico, embrenho a certo; e aceito as preces de compadre meu Quelemém, doutrina dele, de Cardéque.*

Observemos, porém, que mistura não é síntese, e que as sínteses requerem discernimento e reflexão como expressão de maturidade espiritual.

SUGESTÃO

Procure discernir as diferentes contribuições e influências de outras religiões em suas crenças pessoais.

Sonhos

Sonhar tem ao menos duplo significado: ou refere-se ao conjunto de aspirações que uma pessoa acalenta em relação ao futuro, ou refere-se à produção mental de imagens durante o sono profundo.

Dando prioridade ao segundo significado, constatamos que os sonhos veiculam símbolos, narrativas e cenários que sempre nos ensinam algo sobre o mistério da existência. E o fazem sem que possamos prevê-los, controlá-los ou dirigi-los.

Essa sua espontaneidade sugere que, para processar durante o sono as informações acumuladas ao longo da vigília, o cérebro (segundo a neurologia), ou o inconsciente (segundo a psiquiatria), ou as forças sobrenaturais (de acordo com as tradições religiosas) são os verdadeiros responsáveis por essas sessões noturnas de teatro ou cinema, que, do ponto de vista estético, ilustram diferentes gêneros e estilos de criação, do surrealismo à tragédia, do melodrama ao terror, do erótico ao *thriller*.

Uma pessoa com 80 anos de idade terá dormido, em condições normais, o equivalente a 25 anos. Ora, pesquisas científicas informam que temos de três a nove sonhos por noite, o que, fazendo as contas, constitui impressionante material para o autoconhecimento, bem como uma rica experiência mitológica, pois, nessa dramaturgia ou nessa cinematografia personalizada, vêm à tona respostas mais ou menos cifradas para os enigmas da vida.

Certamente, segundo uma ótica estritamente racionalista, os sonhos são meras manifestações ilógicas, fantasias absurdas às quais não faria sentido atribuir maior relevância do que merecem as piruetas da imaginação.

Daí também porque, em sua maioria, cairiam no imediato esquecimento. Os sonhos seriam apenas subprodutos descartáveis da atividade cerebral, cujo valor insuperável residiria no pensamento organizado, rigoroso, coerente, lúcido.

"CONTINUO A VIVER NOS MEUS SONHOS E A SONHAR NO MEU MECANISMO DIURNO."
(Jean Cocteau)

Contudo, essas opiniões reducionistas quanto ao papel dos sonhos na vida humana já foram superadas pelo trabalho científico de um dos maiores estudiosos desse tema, Carl G. Jung. Para ele, os sonhos tornam visível exatamente uma série de verdades que não conseguimos apreender apenas pelo raciocínio lógico.

Conforme explicou Jung em seus livros, os sonhos tocam o ponto cego. Isto é, trazem à consciência conteúdos existenciais que habitualmente fogem ao nosso campo visual, à nossa compreensão corrente das coisas.

Jung pondera que seria bom que todo adulto fosse tratado por meio da análise e interpretação de sonhos. Atividade eminentemente educativa, esse tratamento seria útil para o desenvolvimento e amadurecimento de nossa personalidade, ajudando-nos a descobrir, por exemplo, que é muito comum padecermos dos mesmos defeitos que acusamos nos outros com tanta veemência.

Em geral, as tradições religiosas consideram os sonhos como provenientes do plano sobrenatural. No Egito antigo, acreditava-se que a divindade criara os sonhos para indicar às criaturas o melhor caminho a seguir. Graças à perspicácia com que interpretou o sonho do faraó (o famoso sonho das vacas magras que engolem as vacas gordas), o hebreu chamado José foi promovido a vizir do reino.

Além deste tipo de sonho, denominado profético ou didático, há os sonhos iniciatórios, em que entidades sobre-humanas conferem poderes ao membro de um grupo, e os sonhos visionários, que introduzem o místico ao mundo superior.

SUGESTÃO

Relembre algum sonho que tenha sido decisivo para sua compreensão da vida ou para alguma tomada de decisão.

Superstição

"Culto de religião, falso, mal dirigido, repleto de vãos terrores, contrário à razão e às ideias sadias que podemos ter do ser supremo", assim define-se "superstição" na *Enciclopédia do Iluminismo* (século XVIII).

Aparentemente correta e racional, essa definição tem, contudo, um sério inconveniente. Como aponta Eugenio Trías no verbete "superstição" do seu *Dicionário do espírito*, a visão religiosa dos iluministas (que se consideravam mais iluminados do que os demais) adota a mesma postura dos antigos romanos, que acusavam de supersticiosos (de criminosos, na verdade) todos os que não partilhassem da religião oficial do império.

As formas exóticas de religião, os gnosticismos e esoterismos, tudo isso que vinha de fora era ameaçador e devia ser rechaçado. O próprio cristianismo nascente era designado pelos imperadores e governadores romanos como "odiosa superstição".

Tanto para os filósofos iluministas quanto para os donos do poder em Roma, a religião verdadeira (rituais, condutas, adesões) é aquela que condiz com determinadas premissas, finalidades e interesses. A razão filosófica chamará de superstição toda piedade, vista como irracional e doentia. E a *religio* dos imperadores, garantidora da romanidade, justificará a perseguição de quem não prestar culto oficial ao Estado.

O que ocorria no passado com os deuses, imperadores e filósofos, em nível político e sociocultural, se reproduz em nosso dia a dia de simples "mortais", quando expressamos avaliações e julgamentos no campo da religiosidade. Tal como acontece com outros tipos de apreciações (ou censuras), todos os equívocos e desvios estão no outro, no estrangeiro, no diferente, jamais em mim.

Os anátemas encontram-se antecipadamente estabelecidos: infiel é quem não pertence à minha igreja, herege é quem não concorda com meu dogma, pagão é quem não pertence à minha religião, supersticioso é quem não acredita naquilo e do modo como eu acredito.

Não há escapatória desse beco sem saída, a não ser dando alguns passos para trás, na direção do autoconhecimento.

"TENHO INSTRUÇÃO SUFICIENTE PARA NÃO SER SUPERSTICIOSO, MAS SOU SUPERSTICIOSO."

(Dostoiévski)

Antes de condenar a religião e a crença dos outros, é preciso, em primeiro lugar, ter a coragem da autoanálise e da autocrítica. Essa coragem permitirá reconhecer atitudes supersticiosas residuais, ou nem tão residuais assim, no próprio âmbito das crenças a que aderimos.

Se a clássica definição de Tomás de Aquino pode servir de critério – "superstição é prestar culto divino a quem não se deve ou na forma indevida" –, toda divinização imprópria (a divinização do imperador, do ditador, do líder religioso, a divinização da razão, da natureza, a divinização do dinheiro etc.) configura um ato supersticioso.

Uma crítica à superstição, portanto, deve ser sensata o suficiente para identificar, pela via do contraste, os elementos de insensatez que subsistem em todos nós, por mais racionais, equilibrados e ortodoxos que pensemos ser.

A autocrítica contribui para a nossa formação espiritual, ao detectar formas sutis de superstição em nosso comportamento cotidiano.

Sejamos sinceros.

Pensemos nas orações de tipo mágico com que desejamos coagir Deus a fazer o que queremos que Ele faça, ou nos recursos empregados para decifrar o futuro que, como lembra acertadamente a sabedoria popular, só a Deus pertence.

SUGESTÃO

Identifique corajosamente os seus falsos deuses.

Tradições

Em discurso aos participantes da Conferência Internacional "As religiões e os objetivos do desenvolvimento sustentável", em 2019, o papa Francisco referiu-se de modo positivo ao legado que toda religião possui: "Precisamos recorrer aos tesouros de nossas melhores tradições para um diálogo verdadeiro e respeitoso sobre como construir o futuro do nosso planeta".

Note-se que o papa fala das "nossas melhores tradições", sugerindo a necessidade de uma autoavaliação crítica por parte de todos, católicos, cristãos em geral, muçulmanos, budistas, hinduístas etc.

Nem tudo o que rezam as nossas tradições vale a pena ser enaltecido sem ressalvas, cautelas e eventuais correções de rumo.

Há tradições inspiradoras, estimulantes, mas há também tradições nocivas, com forte carga destrutiva.

Em todas as dimensões da vida em sociedade, é importante não se deixar influenciar pelas heranças negativas, ainda que sejam consideradas veneráveis por terem moldado hábitos sociais durante décadas ou séculos.

Costumes e critérios de conduta outrora bem aceitos podem revelar-se profundamente equivocados. Até mesmo valores, louváveis num dado momento, podem se tornar caducos. O que provém do passado deve sempre submeter-se ao crivo do bom senso, do discernimento e da nossa evolução ética.

No âmbito da política, por exemplo, há tradições nefastas como o nepotismo, o tráfico de influências, a perseguição ideológica, o abuso de poder, o desvio de recursos, as fraudes, os subornos, os desperdícios etc.

No campo da educação, modos de avaliação escolar orientados por um sadismo maldisfarçado – sadismo este que, na escola brasileira, estava mais do que evidente no emprego de castigos físicos violentos até os anos 1960, 1970 –, o autoritarismo, o incentivo à competitividade entre os alunos em lugar da promoção da solidariedade, sem falarmos do desprezo que os demagogos sentiam e sentem pela educação, romantizando-a nos discursos eleitoreiros e solapando-a durante seus mandatos.

"TODA TRADIÇÃO É UMA INVENÇÃO, E, PORTANTO, PODE SER ALTERADA NO FUTURO."
(Eric Hobsbawm)

Uma espiritualidade viva não permite que as tradições lhe cortem as asas nem lhe proíbam movimentos inovadores.

Aliás, a vivacidade de espírito renova as tradições, recontextualizando o que nelas subsiste de fundamentalmente legítimo.

O fogo do espírito queima o obsoleto e reacende o que não merece ser esquecido.

No passado, determinadas leis e modos de agir, tidos como inquestionáveis, são substituíveis por novas atitudes, mais condizentes com a identidade humana.

A pena de morte, por exemplo, embora referendada até hoje por diversas tradições jurídicas, culturais e religiosas, pode ser repensada à luz de outras vertentes tradicionais, que apelam para a ideia da dignidade de todo ser humano, sem exceção.

Quem cometeu graves delitos deve ser punido, mas tirar-lhe a vida é impedir definitivamente a oportunidade de ele se resgatar como ser humano perante seus semelhantes.

Se pensar de modo crítico não é pensar a partir do vazio, precisamos sempre partir de algo, e esse algo nos é entregue pelo passado.

É justamente esse o significado etimológico da palavra "tradição". Vem do latim *tradere*, que significa "entregar", e, em sentido mais amplo, "ensinar".

SUGESTÃO

> Verifique o que, nas tradições de sua família, grupo religioso ou comunidade escolar, é favorável à vida humana.

Virtudes

O maior dos *long-sellers* da humanidade é uma antiga coletânea de livros, a Bíblia dos cristãos, que acrescentou suas próprias escrituras aos textos sagrados do judaísmo.

Reúne relatos fantásticos, histórias de amor e ódio, orientação ética, indicações legislativas, poesia, palavras de prudência, cartas, profecias, narrativas de todo o gênero. São inúmeros autores em nome de Deus. Há heróis e santos, demônios e traidores, efeitos especiais do outro mundo, intervenções angélicas e uma conclusão apocalíptica.

Dividida em duas partes (a primeira parte chama-se "antiga aliança" e a segunda, "nova aliança"), essa obra-prima recebeu ao longo dos séculos, e continua recebendo, inúmeros estudos especializados, inspirando pintores, arquitetos, oradores, músicos, escritores, dramaturgos e cineastas.

Inspirado também por ela, o filósofo e professor Anthony Grayling publicou em 2011 uma Bíblia ao contrário, uma Bíblia laica, intitulada *O bom livro*.

Inicia-se com uma "epístola ao leitor". Os demais "livros" são: *Gênesis, Sabedoria, Parábolas, Concórdia, Lamentações, Consolações, Sábios, Cânticos, Histórias, Provérbios, O Legislador, Atos, Epístolas*. Para concluir, uma seção sobre *O Bem*.

A ideia do autor foi reunir palavras iluminadoras, afastar as trevas da ignorância, recuperar formas de abrir caminhos no mundo para a obtenção da felicidade terrena.

Grayling coletou frases, aforismos e mensagens que se encontram espalhadas nas tradições humanas. Resgatou ideias de pensadores dispersos pelo mundo inteiro, de diferentes momentos da história, tendo em comum o desejo do bem e da virtude.

O livro tem outra observação interessante: utiliza capítulos e versículos, facilitando a consulta. Vejamos, por exemplo, o versículo 5 do capítulo 7 de *Lamentações*:

> *5. Ao guardar suas fortunas, os indivíduos geralmente são sovinas, e todavia, quando se trata de desperdiçar tempo, única coisa em que é certo ser avaro, mostram-se extremamente pródigos.*

Mais do que lamentação, eis uma bela argumentação sobre a virtude do aproveitamento do tempo.

No livro dos *Provérbios*, a Bíblia profana é dura e pragmática. Diz a seus leitores o que os antigos disseram a seus filhos e alunos. Leiamos alguns versículos do capítulo 38:

> *6. De facas mantenham distância tolos e crianças.*
> *10. Criança repete tudo o que ouve.*
> *12. Filho criado, trabalho dobrado.*
> *14. Criança mimada, criança estragada.*
> *30. Melhor conquistar a criança pelo respeito do que pelo medo.*

"O AMOR EM TI É A SEMENTE DE TODAS AS VIRTUDES."

(Dante Alighieri)

Em boa parte, o livro quer nos convencer de como é fundamental conhecer a história humana e observar o que se fez no passado para viver melhor no presente. Os dois versículos a seguir pertencem ao primeiro capítulo do livro *Atos*:

12. As virtudes dos grandes nos servem como espelho, onde podemos ver como ajustar e adornar nossas vidas,
13. E suas falhas e fraquezas igualmente ensinam pelo exemplo, e o conjunto de todas elas nos serve como um manual de humanidade.

Embora profana, a Bíblia humanística também exige fé dos seus leitores, ensinando verdades provenientes de vozes originais e de mentes proféticas como as de Sócrates, Sêneca, Confúcio, Cícero, Montaigne, Bacon.

Precisamos acreditar no bem para praticar as virtudes.

Precisamos acreditar que boas leituras podem nos salvar do inferno da tolice e nos conduzir ao céu da sabedoria.

SUGESTÃO

Que virtudes você julga ter?
E quais você ainda não tem?

Conclusão

O tema da espiritualidade é literalmente infinito. Talvez mais do que nenhum outro.

E possui atualidade surpreendente, provocando discussões que extrapolam espaços estritamente religiosos e ambientes "piedosos". Não há dia da semana em que não recebamos notícias de grande importância que solicitem o exercício de nossa inteligência espiritual.

Pensemos no papel (positivo ou negativo) das religiões no comportamento da sociedade. Pensemos na influência iluminadora ou manipuladora que líderes espirituais exercem sobre as multidões. Pensemos nas utopias e distopias, nas nostalgias e nas críticas ao passado que, sob a ótica da espiritualidade, fomentamos em nossos locais de convivência familiar e profissional.

Por isso é tão importante falarmos em educação e espiritualidade.

Educar para a espiritualidade requer informação qualificada e aguda consciência quanto ao estreito e contínuo entrelaçamento entre fé e política, misticismo e democracia, história e noção do sagrado, liberdade de crença e direitos humanos, teologia e paz mundial, mídia e diálogo ecumênico, ecologia e esperança, ética e novos movimentos religiosos, entre outros.

Suponho que a abordagem de cada uma das trinta palavras-chave sugeridas tenha feito você reavaliar algumas ideias e opiniões. E possivelmente suscitado outras palavras correlatas.

A reflexão teórica, porém, não poderia ser o único nem o principal objetivo das páginas anteriores. A (evidentemente modesta) lista de livros que se segue a esta conclusão deixa claro que há ainda muito a pesquisar e aprofundar. Contudo, no mesmo passo, era e é vital revermos práticas e atitudes.

A partir de agora, seria oportuno, creio eu, projetarmos com mais cuidado e responsabilidade nossas futuras iniciativas nos contextos em que atuamos (sejam instituições confessionais ou não), toda vez que vier à baila o tema da espiritualidade com seus delicados desdobramentos.

Em nossas aulas, precisamos criar espaço para uma convivência mais humana e mais fraterna. Algo que, sem amadurecimento espiritual, será difícil realizar. E que exigirá também, mais do que o esforço isolado de um ou outro, o engajamento do maior número possível de pessoas, não em nome de uma religião em particular ou de uma determinada igreja, mas de convicções fortes sobre a grandeza de sermos humanos.

Convicções espirituais, mesmo que sejam adquiridas aos poucos (e assim deve ser, gradativamente), vão produzindo dentro de nós a imagem plausível de um mundo melhor, de um ser humano melhor.

E essa imagem quer se tornar realidade.

À medida que o nosso espírito se convencer de que tal realidade é possível, nós mesmos nos tornaremos a mudança que sonhamos encontrar fora de nós.

Referências

ALVES; Rubem. *Espiritualidade*. 4. ed. Campinas: Papirus, 2004.

ANDRADE, Carlos Drummond de. *Nova reunião: 23 livros de poesia*. São Paulo: Cia. das Letras, 2015.

ARMSTRONG, Karen. *Maomé: uma biografia do profeta*. Tradução de Andréia Guerini, Fabiano Seixas Fernandes e Walter Carlos Costa. São Paulo: Cia. das Letras, 2002.

ASSUNÇÃO, Ademir. *Faróis no caos* (entrevistas). São Paulo: Edições SESC, 2012.

AZEVEDO, Antonio Carlos do Amaral; GEIGER, Paulo. *Dicionário histórico de religiões*. Rio de Janeiro: Lexikon, 2. ed., 2012.

BANON, Patrick. *Para conhecer melhor as religiões*. Tradução de Álvaro Lorencini. São Paulo: Claro Enigma, 2010.

BATTERSON, Mark. *Persiga o seu leão: se seu sonho não o assusta, é porque é pequeno demais*. Tradução Juliana Kümmel. São Paulo: Vida, 2018.

BINGEMER, Maria Clara. *Um rosto para Deus?* São Paulo: Paulus, 2005.

BOBBIO, Norberto. *O problema da guerra e as vias da paz*. Tradução de Álvaro Lorencini. São Paulo: Ed. Unesp, 2003.

BOTTON, Alain de. *Religião para ateus*. Tradução de Vitor Paolozzi. Rio de Janeiro: Intrínseca, 2011.

CANTALAMESSA, Raniero; GAETA, Saverio. *O sopro do espírito*. Tradução de José Joaquim Sobral. São Paulo: Ave-Maria, 1998.

CHEVALIER, Jean. *et al. Dicionário de símbolos*. Tradução de Vera da Costa e Silva *et al*. 27. ed. Rio de Janeiro: José Olympio, 2015.

COEN (Monja). *O que aprendi com o silêncio*. São Paulo: Planeta, 2019.

COMTE-SPONVILLE, André. *Dicionário filosófico*. Tradução de Eduardo Brandão. São Paulo: Martins Fontes, 2003.

COSTA, Aramis Ribeiro. *Fábulas*. Simões Filho (BA): Kalango, 2017.

COULTER, Charles Russell; TURNER, Patricia. *Encyclopedia of Ancient Deities*. Londres: Routledge, 2000.

CRUZ, São João da. *Obras completas*. Tradução das Carmelitas Descalças do Convento de Santa Teresa do Rio de Janeiro. Petrópolis (RJ): Vozes, 2002.

DAWKINS, R. *Deus, um delírio*. Tradução de Fernanda Ravagnani. São Paulo: Cia. das Letras, 2007.

DIONÍSIO. *A hierarquia celeste*. Tradução de Carin Zwilling. São Paulo: Polar, 2015.

DOSTOIÉVSKI, Fiódor. *Memórias do subsolo*. 6. ed. Tradução de Boris Schnaiderman. São Paulo: Ed. 34, 2009.

ELIADE, Mircea; COULIANO, Ioan P. *Dicionário das religiões*. Tradução de Ivone Benedetti. 2. ed. São Paulo: Martins Fontes, 1999.

ELIADE, Mircea. *O sagrado e o profano: a essência das religiões*. 4. ed. Tradução de Rogério Fernandes. São Paulo: Martins Fontes, 2018.

FRANCISCO (Papa). *A felicidade nesta vida: uma meditação apaixonada sobre a existência terrena*. Tradução de Amabile Ilibrante Zavattini. São Paulo: Fontanar, 2018.

FREITAS-MAGALHÃES, Armindo. *O código do medo*. Porto: FEELab Science Books, 2014.

GEISLE, Norman; TUREK, Frank. *Não tenho fé suficiente para ser ateu*. Tradução de Emirson Justino. São Paulo: Vida, 2006.

GRAY, Jonathan. *A busca pela imortalidade: a obsessão humana em ludibriar a morte*. Tradução de José Gradel. Rio de Janeiro: Record, 2014.

GRAYLING, Anthony. *O bom livro: uma bíblia laica*. Tradução de Denise Bottmann. Rio de Janeiro: Objetiva, 2014.

GRÜN, Anselm. Tradução de Markus Hediger. Petrópolis (RJ): Vozes, 2015.

GRÜN, Anselm. *Pequeno tratado do verdadeiro amor*. Tradução de Luiz de Lucca. Petrópolis (RJ): Vozes, 2013.

GRÜN, Anselm; BOFF, Leonardo. *O divino em nós*. Tradução de Markus Hediger. Petrópolis (RJ): Vozes, 2017.

GRÜN, Anselm; MÜLLER, Wunibald. *A alma: seu segredo e sua força*. Tradução de Edgar Orth. Petrópolis (RJ): Vozes, 2010.

HIPONA, Agostinho de. *Confissões*. Tradução de Maria Luiza Jardim Amarante. São Paulo: Paulus, 1997.

HITCHENS, Christopher. *Deus não é grande: como a religião envenena tudo*. Rio de Janeiro: Ediouro, 2007.

HOERNI-JUNG, Hélène. *Maria: imagem do feminino*. Tradução de Philip Paul Hünermund. São Paulo: Pensamento, 1991.

HOLBACH, Barão de. *Teologia portátil ou dicionário abreviado da religião cristã*. Tradução de Regina Schöpke e Mauro Baladi. São Paulo: Martins Fontes, 2012.

INCONTRI, Dora. *Pedagogia espírita: um projeto brasileiro e suas raízes*. Bragança Paulista (SP): Comenius, 2013.

JESUS, Santa Tereza de. *Castelo interior ou moradas*. Tradução das Carmelitas Descalças do Convento de Santa Teresa do Rio de Janeiro. Petrópolis (RJ): Vozes, 2014.

JUNG, Carl Gustav. *O desenvolvimento da personalidade*. Tradução de Frei Valdemar do Amaral. Petrópolis (RJ): Vozes, 1998.

KÖNIG, Franz. *Léxico das religiões*. Tradução de Luís M. Sander, Ilson Kayser, Annemarie Höhn e Walter O. Schlupp. Petrópolis (RJ): Vozes 1998.

LEWIS, Clive Staples. *Milagres*. Tradução de Ana Schaffer. São Paulo: Vida, 2006.

LOPES, Hernandes Dias. *Provérbios: manual de sabedoria para a vida*. São Paulo: Hagnos, 2016.

LURKER, Manfred. *Dicionário de simbologia*. Tradução de Mario Krauss e Vera Barkow. São Paulo: Martins Fontes, 2003.

MALALA YOUSAFZAI to open Birmingham library. *The Guardian*, 2 set. 2013. Disponível em: <http://bit.ly/33bw2PT>. Acesso em: 02 mar. 2020.

NIETZSCHE, Friedrich. *Obras incompletas*. Tradução de Rubens Rodrigues Torres Filho. São Paulo: Nova Cultural, 1987. 2 v. (Os pensadores).

NOUWEN, Henri. *Trabalho pela paz: oração, resistência, comunidade*. Tradução de Milton Camargo Mota. São Paulo: Loyola, 2008.

OLIVEIRA, Humberto. (Org.). *Desvelando a alma brasileira: psicologia junguiana* e raízes culturais. Petrópolis (RJ): Vozes, 2018.

OZ, Amos. *Como curar um fanático*. Tradução de Paulo Geiger. São Paulo: Cia. das Letras, 2004.

PANIKKAR, Raimon. *Espiritualidad hindú: sanātana dharma*. Barcelona: Editorial Kairós, 2005.

PERISSÉ, Gabriel; CAVALCANTE, Anderson. *A oração de são Francisco*. São Paulo: Büzz, 2018.

PERISSÉ, Gabriel. *Introdução à filosofia da educação*. Belo Horizonte: Autêntica, 2008.

PERISSÉ, Gabriel. *Uma pedagogia do corpo*. Belo Horizonte: Autêntica, 2020.

RAHNER, Karl; VORGRIMLER, Herbert. *Petit dictionnaire de théologie catholique*. Tradução de Paul Démann e Maurice Vidal. Paris: Seuil, 1970.

REMERY, (Pe.) Michel. *Tuitando com Deus*. Tradução de Mariana Pacheco Loureiro. São Paulo: Paulus, 2018.

RICOEUR, Paul. *A simbólica do mal*. Tradução de Hugo Barros e Gonçalo Marcelo. Lisboa: Edições 70, 2013.

RÖHR, Ferdinand. *Educação e espiritualidade: contribuições para uma compreensão multidimensional da realidade, do homem e da educação*. Campinas (SP): Mercado de Letras, 2013.

ROLHEISER, Ronald. *The Holy Longing: The Search for a Christian Spirituality*. Nova York: Doubleday, 1999.

ROSA, João Guimarães. *Grande sertão: veredas*. 36. ed. Rio de Janeiro: Nova Fronteira, 1986.

SANTO, Ruy Cesar do Espírito Santo. *Autoconhecimento na formação do educador*. São Paulo: Ágora, 2007.

SUSIN, Luiz Carlos. *O tempo e a eternidade: a escatologia da criação*. Petrópolis (RJ): Vozes, 2018.

TITUS, Craig Steven. *Resilience and the Virtue of Fortitude: Aquinas in Dialogue with the Psychosocial Sciences*. Washington: The Catholic University of America Press, 2006.

TORRALBA, Francesc. *Inteligência espiritual*. Tradução de João Batista Kreuch. Petrópolis (RJ): Vozes, 2012.

TORREÃO, Rita Célia Magalhães. *Nas asas da borboleta: filosofia de Bergson e educação*. Salvador: EDUFBA, 2012.

TRÍAS, Eugenio. *Diccionario del espíritu*. Barcelona: Editorial Planeta, 1996.

ZAHAN, Dominique. *Espiritualidad y pensamiento africanos*. Madri: Ediciones Cristiandad, 1980.

ZOHAR, Danah; MARSHAL, Ian. *QS: inteligência espiritual*. Tradução de Ruy Jungmann. Rio de Janeiro: Viva, 2012.

Projeto da coleção

A coleção O valor do professor, concebida por Gabriel Perissé, é composta por 12 títulos, que abrangem diversas dimensões da realidade profissional dos professores e gestores educacionais:

Uma pedagogia do corpo	Corpo
Educação e espiritualidade	Espiritualidade
Penso, logo ensino	Inteligência
Leituras educadoras	Leitura
Falar bem e ensinar melhor	Oratória
Professores pesquisadores	Pesquisa
Convivência, política e didática	Política
Liderança: uma questão de educação	Liderança
Educação e sentido da vida	Sentido da vida
Educação financeira e aprendedorismo	Dinheiro e trabalho
As virtudes da educação	Ética
Ensinar com arte	Estética

O projeto editorial conjuga-se a um programa de formação docente continuada, individual ou coletiva, adaptável às condições concretas de uma escola, de uma universidade, de uma rede municipal de educação, de um sistema de ensino.

Baseada nos parâmetros e princípios da educação humanizadora, a formação integral e contínua propicia a nossos professores a autocompreensão e o decorrente aperfeiçoamento pessoal e profissional.

A proposta completa consiste em abordar os temas acima, ao longo de um a dois anos, em oficinas e/ou palestras, para que a reflexão em grupo sobre a realidade profissional dos professores leve à adoção consciente de atitudes que renovem pessoas e ambientes.

Informações adicionais

site www.gabrielperisse.com
lattes http://lattes.cnpq.br/4420556922540257
e-mails perissepalestras@uol.com.br
lerpensareescrever@hotmail.com
gentejovemeducacional@gmail.com

Este livro foi composto com tipografia Adobe Garamond Pro
e impresso em papel Off-White 80 g/m² na Formato Artes Gráficas.